中国語で歌おう！

―カラオケで学ぶ中国語―

カラオケで学ぼう 中国語！

　中国語を家庭内言語として使いはじめてもう7年になる。当時は中国語しか話せなかったうちの嫁だが、今では問題なく日本語が使えるはずなのに、私に対しては何故かかたくなに中国語で話し続ける。それが普通になっているから今更変えられない、と言うのだ。

　おかげ様で、夫婦喧嘩で勝った試しなし！　どうせ正面から立ち向かったところで勝ち目はないので、嵐が頭上を通り過ぎるのをただひたすらじっと待つ。まあ、それが家庭円満の秘訣か……そんなことはどうでもいい。

　気がついたら私の中国語力は退歩していた。「毎日中国語で暮らしていてどうして？」と思われるかもしれないが、同じ人間とばっかり話していると、ボキャブラリーは限定されてくるし、おまけに発音や文法が違ってても通じるから直してもらえないのだ。ヤバイ、ヤバイ……。

　今回このテキストを作るにあたって、いざ歌詞カードを見てみると「この字はなんて読むの？　意味は？」の連発である。ああしかし、歌というのはどうしてこんなに素敵な言い回しがたくさんあるんだろう……。いきなり「結婚」で始まった我が家庭にはない言葉ばかりである。

　それにしても歌というのはよい。同じ単語数を勉強で増やそうとすると苦痛だが、歌で覚えると楽しく頭に入ってくる。またスタンダード曲の歌詞には何と実践的なラブワードの多いことやら……。またそれが少し難しい言葉であっても、メロディーと一緒に覚えるのですっと入りなかなか忘れない。

　ふふふ……、これらの言い回しを使ってきれいな小姐をGetするぞ……と思ってはみたもののやっぱり嫁が怖かった。しょうがない、家庭円満のために嫁とデュエットでもするか……。

　さあみなさんも私と一緒に楽しく勉強しよう！

ファンキー末吉

宴会芸に中国語で１曲！

　通訳業にとかくマイクはつきものですが、とりわけ歌うために手にするマイクは自己陶酔の七つ道具の一つになります。さて、マイクを握ると人が変わるといわれる私ですが、本業である中国語通訳業もはや15年を越えてしまいました。専任通訳だった時代、フリーランスでさまざまな分野を担当するようになった数年、はたまた通訳者養成学校で教壇に立つはめになった近年、時々にさまざまな出会いとご縁に恵まれ、皆さんとともに中国語の世界を歩ませていただきました。

　その中でつくづく実感したことは、皆さんもご経験がおありかと思いますが、「中国人って実にネアカ！！そして歌が大好き！！」ということです。シビアな会議のあとの宴会でも、二次会のカラオケでも、マイクを握ったら私以上に人が変わる！！そして彼らは容赦なくこちらにも歌で応戦することを求めてくるのです。そう、逃げられないですぞぉ。

　そこで、15年の苦い（！？）経験から編み出したワザは「宴会芸に中国語で１曲！」を合い言葉に歌で中国人と交流を図ることでした。幸か不幸か授業でも通訳ノウハウよりも印象深いとのことで、「歌のおねえさん（「おばさん」でなくてよかった）」の異名をとるまでになりました。この際だからみなさん、一緒に歌で中国語を学習してみようではありませんか。既成の真面目なテキストとはひと味違う、楽しく中国語に接することを目的にした本書をぜひとも手垢でぼろぼろになるまで可愛がってやってください。

　この本を手にとられるであろう学生さんやビジネスマンのあなた、あるいはファンキー末吉さんのおっかけや五星旗ファンの方かもしれませんが、今この出会いも大切なご縁です。どうかぜひ１曲、中国語の歌をモノにしてしてみてください。中国語の現場で活用するもよし、友人の結婚式で披露するもよし、チャーミングな中国人の口説き文句に転用するもよし、素敵な中国語の世界へ少しだけ足を踏み入れてみませんか。

古川典代

本書の特長と使い方

　本書を手にする皆さんは、「とりあえずは中国語で歌を歌ってみたい」という共通の思いがおありかと思います。けれども、そのベースにある中国語学習歴は千差万別でしょう。ひょっとしたらこれから学んでみよう（だとしたら、歌から入ろうなんてなかなかニクイねぇ、このぉ！）というつわものもいらっしゃるかもしれません。日中ビジネスの波間に翻弄されている方も、ひょっとしたらこれが救助艇になって、先方との交流に自信がつくかもしれないですよね。皆さんの様々な思惑すべてに対処できるとは思いませんが、少なくとも本書がチャイニーズポップスを味方につける一助になれば幸いです。

　さて、「正統派学習方法のすすめ」としましては、まずCDに収録されている朗読を手本に、テキストのピンインを見ながら発音練習してみてください。朗読はNHKの講座でおなじみの陳涛さんが、うっとりとするほど美しい発音で、ゆったりとした速度で録音して下さいました。「歌詞と読み方」をテキストにして、朗読に合わせて発声してみましょう。この際に、できればカタカナのルビをあてにしないようにしましょう。中国語は本来、決して日本語のカタカナでその音を表現できるものではありません。例えば中国語の特徴である有気音「po」と無気音「bo」の区別は、カタカナの「ポ」と「ボ」ではないですし、「山 shan」と「上 shang」はあきらかに異なりますが、カタカナではどちらも「シャン」としか表現できません。ですから、カタカナ表記はあくまで、全くの入門者への便宜上の措置です。発音のハードルを越えられないがゆえに、素敵なチャイニーズポップスを敬遠してしまうとしたら惜しいですから、発音が苦手な方も楽しんでいただくために、カタカナでできるだけ近い音を表記した次第です。

　朗読をしっかり繰り返したら、次に歌の意味をとらえてください。歌では、メロディにのせるために意味の切れ目が変になっていることがよくあります。ですが、それをわかっていて歌うのと、知らずに歌うのとでは、やはり微妙なズレがあるように思います。また、意味内容によってどこに感情をこめたらいいのか、サビはどこかなどが掌握できるかと思います。

さあ、ではCDを流しながらまずは模範演唱に合わせて口ずさんでみましょう。一番がすんだら、次はカラオケになっていますので、是非とも声高らかに歌ってみて下さい。出血大サービスでフルカラオケも2曲入れてあります。
　また全体の構成をカラオケBOXを舞台としたスキット仕立てにしてありますので、実際にお店で使える中国語表現も一緒に学習することができます。これでもう怖いものなし！
　家での練習がすんだら、もちろん次は実践するのみ。さぁ、カラオケBOXに出かけましょう！
　文法事項やこぼれ話などはヒマなときにお目通しください。なお、どうしても口を開くのがめんどくさいという方は、耳は常に開いておりますので、CDをBGM代わりにお聞き下さい。五星旗のアレンジと演奏は、聞くだけでも十分価値ある仕上がりになっています。そう、まるで一粒で二度美味しいキャラメルのようなもの（古いかナァ）ですね。

　　　　　　　　　　　　　　　　　　　　　　　　　　　古川典代

●目次

- ・カラオケで学ぼう 中国語！……ファンキー末吉　　2
- ・宴会芸に中国語で1曲！……古川典代　　3
- ・本書の特長と使い方　　4

＜PART 1　中国語で歌おう！＞　　9
- 1 花心（花）**CD** 2　　10
- 2 容易受伤的女人（ルージュ）**CD** 4　　16
- 3 我只在乎你（時の流れに身をまかせ）**CD** 6　　22
- 4 我和你・北国之春（北国の春）**CD** 7　　28
- 5 明明白白我的心（明明白白我的心）**CD** 9　　36
- 6 対面的女孩看过来（対面的女孩看過来）**CD** 11　　42

★コラム：ファンキー・トーキング……ファンキー末吉　　52
- （1）カラオケが嫌いだぁ！　　52
- （2）BEYONDのメンバーも参加！　　54
- （3）娘がいきなり「中国語人」に！　　55
- （4）北京カラオケ裏事情　　56
- （5）下品な中国語じゃ女の子は口説けない　　57
- （6）日本はアジアの中心ではない！　　58
- （7）大陸のスターは自宅の電話番号を教える…？　　59
- （8）五星旗（Five Star Flag）とは？　　60

＜PART 2　中国語カラオケを楽しむ！＞　　61
- （1）スキットで学ぶ「中国語カラオケ会話」！……古川典代　62
- （2）「中国語カラオケ」事情……吉田良夫
  - 1. 日本編　　70
  - 2. 中国大陸編　　71
  - 3. 香港編　　72
  - 4. 台湾編　　73

（3）カラオケの楽しみ方 - 実践編
　　　①東京カラオケガイド……福永瑠璃　　　　74
　　　②名古屋カラオケガイド……長屋泰子　　　76
　　　③台湾カラオケガイド……堀 健一　　　　77

・またやろうね！……ファンキー末吉　　　　　　80
・鳴謝 - あとがきにかえて -……古川典代　　　　81

CD収録一覧表

番号	収録内容…ページ	番号	収録内容…ページ
1	スキット…62	12	スキット…65
2	花心(歌＋カラオケ)…10	13	我和你・北国之春(フルカラオケ)…28
3	スキット…62		
4	容易受傷的女人(歌＋カラオケ)…16	14	対面的女孩看過来(フルカラオケ)…42
5	スキット…63	15	花心(朗読)…11
6	我只在乎你(歌＋カラオケ)…22	16	容易受傷的女人(朗読)…17
7	我和你・北国之春(歌)…28	17	我只在乎你(朗読)…23
8	スキット…64	18	我和你(朗読)…29
9	明明白白我的心(歌＋カラオケ)…36	19	北国之春(朗読)…30
10	スキット…65	20	明明白白我的心(朗読)…37
11	対面的女孩看過来(歌)…42	21	対面的女孩看過来(朗読)…44

PART 1
中国語で歌おう！

① 花 心
huā xīn
（花）

作詞：喜納昌吉（厉曼婷）
作曲：喜納昌吉

melo

花的心 藏在蕊中 空把花期都错 过

你的 心 忘 了季 节 从不轻易让 人 懂

为何 不 牵 我的 手 共听日月唱 首 歌

黑夜又白 昼 黑夜又白 昼 人生悲欢有 几 何

春去春 会 来 花谢花 会 再 开

只要你愿 意 只要你愿 意 让梦划向你 心 海

春去春 会 来 花谢花 会 再 开

只要你愿 意 只要你愿 意 让梦划向你 心 海

© 1992 by NICHION INC.

この曲の原曲はバラードです。エミール・チョウ自身はそれを敢えてアップテンポにして大ヒットさせました。
いろんな人がこの曲をカバーしていますが、このようにJazzバラードにしたテイクはないはずです、ということで今回はJazzバンドの本領を発揮させていただきました。

花的心藏在蕊中
huā de xīn cángzài ruǐzhōng
ホアダシン ツァンザイルイチュン

你的心忘了季节
nǐ de xīn wàngle jìjié
ニィダシン ワンラチィジエ

为何不牵我的手
wèihé bùqiān wǒ de shǒu
ウェイハブ チエンウォダショウ

黑夜又白昼　　黑夜又白昼
hēiyè yòu báizhòu　hēiyè yòu báizhòu
ヘイイエ ヨウ バイチョウ　ヘイイエ ヨウ バイチョウ

春去春会来
chūn qù chūn huì lái
チュンツィ チュンホエライ

只要你愿意　　只要你愿意
zhǐyào nǐ yuànyì　zhǐyào nǐ yuànyì
ジィヤオニィ ユアンイィ　ジィヤオニィ ユアンイィ

春去春会来
chūn qù chūn huì lái
チュンツィチュンホエライ

只要你愿意　　只要你愿意
zhǐyào nǐ yuànyì　zhǐyào nǐ yuànyì
ジィヤオニィ ユアンイィ　ジィヤオニィ ユアンイィ

空把花期都错过
kōng bǎ huāqī dōu cuòguò
コンバァホアチィ トウ ツオクオ

从不轻易让人懂
cóng bù qīngyì ràng rén dǒng
ツンブチンイィ ランレントン

共听日月唱首歌
gòngtīng rìyuè chàng shǒu gē
コンティンリュイユエ チャンショウグゥ

人生悲欢有几何
rénshēng bēihuān yǒu jǐhé
レンシォン ベイホアン ヨウ ジィフゥ

花谢花会再开
huā xiè huā huì zàikāi
ホアシエ ホアホイザイカイ

让梦划向你心海
ràng mèng huá xiàng nǐ xīnhǎi
ランモン ホアシアン ニィシンハイ

花谢花会再开
huā xiè huā huì zàikāi
ホアシエ ホアホイザイカイ

让梦划向你心海
ràng mèng huá xiàng nǐ xīnhǎi
ランモン ホアシアン ニィシンハイ

歌詞の意味　♥花の心♥

花の心は　葉の中に隠れて
むなしく咲き時を過ごしてしまった
あなたの心も季節を忘れて
とても分かりにくくなってしまった
どうして私と手をつないで
いっしょに月日が歌うのを聞かないの
夜は暮れても、朝は明ける
夜は暮れても、朝は明ける
人生の出会いや別れはいくつもあるもの

……

＊春が去って、また春が来る
花が散ってまた花が開く
あなたが望みさえすれば
あなたが望みさえすれば
夢をあなたの心の海に漕ぎ出させよう

＊くりかえし

歌で学ぶ表現ポイント

◆ 空把花期都错过

【把＋目的語＋動詞】の文型で文法用語では処置文といいます。"把 bǎ"に続く目的語をどのようにするかを表現します。ここでは、花の咲く時期 "花期 huā qī" をすでに過ぎてしまった "错过 cuò guò" というわけです。"空 kōng" は「むなしく」の意味のときは第一声ですが、「時間がある」というときは第四声になります。

・请**把**钥匙拿来。　　（カギを持ってきて。）
　Qǐng bǎ yàoshi nálái

・有**空**来玩儿吧。　　（ヒマがあったら遊びに来て。）
　Yǒu kòng lái wánr ba

◆ 让人懂

"让 ràng" は使役表現で、それに続く人（物、事象）に動詞内容をさせるときに使います。"让人懂 ràng rén dǒng" は「人に分からせる」、"让梦划向你心海 ràng mèng huáxiàng nǐ xīnhǎi" は「夢をあなたの心に向いて漕ぎ出させる」といっているわけです。

・请**让**我靠近。　　（お側によらせて。）
　Qǐng ràng wǒ kàojìn

◘ 为何

文語（書き言葉）で「何のため？」「なぜ？」。口語では"为什么 wèishénme"を使います。

◘ 几何

こちらも文語で「いくつ」「幾ばくか」。口語では"多少 duōshao"を使います。口語の疑問詞は「そり舌音」という、舌をそり上げて発声する音が多くて、メロディにのせにくいせいでしょうか、歌詞の中には文語形の疑問詞がよく見られます。

◘ 只要

「～しさえすれば」の必要条件を示します。その条件で導き出せる結果を、後半「就」で受けます。

- **只要**你喜欢她，她**就**答应你。
  Zhǐyào nǐ xǐhuan tā, tā jiù dǎying nǐ
  （あなたが彼女を好きでありさえすれば、彼女はオッケーだって。）

- **只要**你努力学习，**就**一定学会汉语。
  Zhǐyào nǐ nǔlì xuéxí, jiù yídìng xuéhuì Hànyǔ
  （一生けん命勉強さえすれば、絶対中国語をマスターできるよ。）

ファンキーの"カタカナ"に気をつけろ！

"的 de"の発音ですが、カタカナ表記では「ダ」ですが、バカ正直に発音してしまうと「da」となり違う音となってしまいます。かと言って、ピンイン表記が"de"だから「デ」かなと思ったら大間違い。

この"e"という母音は、日本語にはなく「あいまい母音」と呼ばれています。ひらったく言うと「ダ」と「ド」と「デ」の中間の音……ますます難しく感じるかしら。では、アゴやノドや舌から一切力を抜いた状態で、「オー」とも「アー」とも「ウー」ともつかないため息をついてみてください。そう、それがこの「あいまい母音」の発音。これに子音"d"を加えて"de"の出来上がり！

"何 he"も同じ。ノドの奥から発音するつもりで、どうぞ！

カバー曲あれこれ

　このテキストには全6曲が収録されていますが、そのうち日本語の元歌がある、いわゆるカバー曲が4曲にもおよんでいます。カバーするにあたっては、オリジナルソングのメロディだけを残して別の歌詞に書き換えたものと、歌詞も元のニュアンスを生かして詩的に翻訳したものとがあります。

　典型的な例として、4曲目の『北国の春』ではテレサ・テン(『我和你』)が前者、蒋大为(『北国之春』)が後者になります。元の歌詞を生かさなかった場合、ややもするとカバー曲と気づかないまま日本に逆輸入されることがあります。今回収めた『容易受傷的女人』(王菲)も元歌は中島みゆきの『ルージュ』ですが、意外に知られていません。中国の歌と思っている方も多いのではないかと思います。同様にリッチー・レン(＝任賢斉)が歌って流行った『傷心太平洋』の元歌が小林幸子のド演歌『幸せ』だと見抜いた方も少ないのではないでしょうか？

　さて、その中にあってこの『花心』は、喜納昌吉さんの元歌も流行っていましたから、歌詞を見て別物に仕上がっていることは一目瞭然ですね。例の有名な「♪泣きなさ～い、笑いなさ～い」のフレーズが「春が去って、また春が来る。花が散って、また花が開く」に替わっています。直訳が難しい理由の一つは、日本語と中国語の言葉の長さの違いがあるといえましょう。同じ時間喋った場合、中国語のほうが日本語の1.5～2倍くらいの内容を伝えられるわけです。「♪泣きなさ～い、笑いなさ～い」をそのままシンプルに中国語訳すれば、「哭吧,笑吧」とたった4文字で事足りてしまうんです。それゆえに、カバー曲の作詞は極めて難しい作業といえると思います。

アーティスト紹介

Zhōu Huá jiàn
周 华健 (エミール・チョウ)

生年月日：1960年12月22日

　香港人でありながら台湾へ留学、'87年に台湾滚石唱片(台湾ロックレコード)よりメジャーデビューしたせいか、普通話(台湾・香港では「国語」という)が上手です。よって彼の曲は中国語学習者にとって教材価値が高いといえるでしょう。

　最初のアルバム『心的方向』の高層ビルに囲まれたジャケットは、日本の新宿で撮影されました。が、何といっても日本で彼が知られるようになったのは、'93年に『花・心』が発売されて以降でしょう。'94年『风雨无阻』、'95年『弦途有你』などのアルバムを発表。そして'97年にはメジャーデビュー10周年を記念して、歌手生活の集大成ともいえる『光阴似健』を発表。「光陰矢の如し」に当たる中国語 "光阴似箭 guāng yīn sì jiàn" の "箭 jiàn"(＝矢)と周华健の "健 jiàn" が同音でかけてあります。彼の10年間があっという間であったことを表しているのでしょう。また、'99年には『MY OH MY 至爱吾爱』という全英語曲のアルバムを出し、多芸多才なところを見せつけてくれています。

ファンキーのアーティスト Who's Who?

　ラジオのゲストとしてエミール・チョウさんが来てくれたのはもう4年前。当時の私の中国語力ときたらとても同時通訳などできるレベルではなく(今も決してそこまではいかないが……)、しどろもどろのうちに番組の収録を終えたことを覚えている。そんなつたない私の中国語に対してニコニコ笑いながら受け答えてくれた彼に、「ああ、ほんとにいい人なんだなあ」という第一印象をもった。

　彼のスタッフが世間話の中で私にこう言った。「周华健はね、ほんとに苦労人なんだよ。レコード会社のアルバイトから始めて長い下積み生活を続け、ようやく認められるようになったのさ。僕はそんな周华健をほんとに尊敬してる。彼のスタッフをやれて幸せだよ」

　彼の今の成功は、生み出す楽曲や歌の良し悪しだけではなく、そんな彼の人間性によるものも大きいはずだと確信している。

この曲を私が初めて聞いたのは中国でのこと。そうと言われるまでこの曲が日本の曲だとは知りませんでした。

今回のアレンジは、中国で流行ってるまったりとしたバラードから脱却するために、大胆にジャングルとレゲエのリズムを取り入れた、「ハイパー・レゲエバージョン」に仕上げました。

容易受伤的女人

 朗読

留着你隔夜的吻
liúzhe nǐ géyè de wěn
リウジャニィグゥイエダウェン

想你天色已黄昏
xiǎng nǐ tiānsè yǐ huánghūn
シアンニィ ティエンスァイイホァンフン

如果从此不过问
rúguǒ cóngcǐ bú guòwèn
ルゥグオ ツンツゥプクオウェン

是否夜就不会冷
shìfǒu yè jiù búhuì lěng
シフォウイエチゥブゥホエロン

颤抖的唇
chàndǒu de chún
チャントウダチュン

一个容易受伤的女人
yíge róngyì shòushāng de nǚrén
イィガロンイィショウシャンダニィレン

我害怕一个人
wǒ hàipà yígerén
ウォハイパァイィガレン

安慰容易受伤的女人
ānwèi róngyì shòushāng de nǚrén
アンウェイ ロンイィショウシャン ダ ニィレン

黑夜里不敢点灯
hēiyèli bù gǎn diǎndēng
ヘイイエリプゥガンディエントン

让我深爱过的人
ràng wǒ shēnàiguò de rén
ランウォシェンアイクオダレン

感觉不到你有多真
gǎnjuébudào nǐ yǒu duōzhēn
ガンジュエプタオニィヨウトゥオチェン

脸上还有泪痕
liǎnshang háiyǒu lèihén
リェンシャンハイヨウレイヘン

不想对你难舍难分
bù xiǎng duì nǐ nán shě nán fēn
プゥシアントェニィナンシャアナンフェン

心就不会疼
xīn jiù bú huì téng
シンチウプゥホエトン

等不到你的吻
děngbudào nǐde wěn
トンプタオニィダウェン

希望 希望 希望你会心疼
xīwàng xīwàng xīwàng nǐ huì xīnténg
シーワン シーワン シーワンニィホェシントン

为何不肯 轻轻唤我一声
wèihé bùkěn qīngqīng huàn wǒ yìshēng
ウェイフゥプゥケン チンチンホワンウォイィション

为了你 我情愿 给一生
wèile nǐ wǒ qíngyuàn gěi yìshēng
ウェイラニィ ウォチンユアン ゲイイィション

是谁让我越陷越深
shì shéi ràng wǒ yuè xiǎn yuè shēn
シシェイランウォユエシエンユエシェン

越来越陌生
yuè lái yuè mòshēng
ユエライユエモォション

> **歌詞の意味**　♥ 傷つきやすい女 ♥

夜通しの口づけを残しても
どんなに真剣な思いなのかを感じ取れない
日が暮れるまであなたを思い続け
涙の跡が頬に残る
もしここで問わないまでも
別れがたいとは思わないわ
夜が寒くなく　心が痛まないようになる
かどうか

震える唇は　あなたの口づけを待ちきれ
ないの
傷つきやすい一人の女

お願い　お願い　お願いあなたも心を痛
めて
一人になるのが怖いの
どうして優しく私に一声掛けて
傷つきやすい女を慰めようとしないの
あなたのために　一生をささげたいと
思っているのに
暗い夜に電灯をつける勇気がない
私をますます落ち込ますのは誰
私が深く愛した人は　どんどん知らない
人になっていくわ

◘ 天色已黄昏

「もう空が黄昏時に暮れなずんでいる」というのがその意味ですが、「非常に長い時間そうしている」ことを表現している場合が多いですね。

ちょっぴり演歌調の切ない曲にみられる表現で、次の"难舍难分 nán shě nán fēn"、それと「ぞっこん惚れ込む」というニュアンスの"一往情深 yī wǎng qíng shēn"と併せ、私は勝手にこれらを「三大歌詞多出語」と見なしています。日本の演歌に「未練」「いのち」「しのぶ」が多用されているとどこか似ているかも！？

◘ 难舍难分

「どうしても別れられない、離れがたい」
このフレーズはさまざまな歌に登場していますね。探してみて下さい。

◘ 是否

「～かどうか」（＝是不是）。二音節のため、リズムにのせやすいからでしょうか、歌詞の中では"是不是 shìbushì"よりも"是否 shì fǒu"が使われることが多いようです。

◆ 夜就不会冷　心就不会疼

うまいリフレーンで味わいがある部分です。"冷 lěng"と"疼 téng"が韻を踏んでいるので、余計に印象強いフレーズになっています。

◆ 等不到

可能補語と呼ばれる複合動詞の否定形です。「待てない」。これの肯定形は"等得到 děngdedào"。

◆ 不敢

「～するだけの勇気がない」ですが、大阪弁に当てはめて「ようせえへん」というのがピッタリです。

・我**不敢**追她。　　　　（オレは彼女によう声をかけへんわ。）
　Wǒ bù gǎn zhuī tā

似たようなので"不肯 bù kěn"がありますが、こちらは意固地になって絶対にしようとしないときに使われます。「どうしても～しようとしない」。

・我**不肯**追她。　　　（オレは彼女に声をかけるつもりなんてこれっぽっち
　Wǒ bù kěn zhuī tā 　　もないね。）

◆ 越陷越深

"越A越B"で「AすればするほどBになる」。落ち込んでいけばいくほど深みにはまる、つまりどんどんドツボに陥っていくってことですね。

◆ 越来越陌生

同じく"越 yuè"を使っていますが、こちらは"越来越 yuè lái yuè ～"と一続きで「ますます～になって」いくという意味になります。"陌生 mò shēng"は「知らない人」ですから、ますます他人になっていくの意味です。

ファンキーの"カタカナ"に気をつけろ！

もうタイトルののっけから"女 nü"でけつまづいてしまいます。この"ü"の音も難しい。「ウ」の口で「イ」と言うのです。子音の"n"がつくと、「ヌ」の口で「ニ」と言う、「ニュィ」みたいな発音。しかも「ニュイ」と二音節になってはいけない。あくまでも「ヌ」と「ユ」と「イ」が一体となって一瞬のうちに発音されなければならない。……大変ですねえ。朗読や模範歌唱を聞いてコツをつかんでください。

雑学アレコレ

2番に挑戦

　この曲は1番と2番の歌詞がほとんど同じなのですが、ただ1行だけサビの部分、「为了你　我情愿　给一生」が「你的眼神　烫伤我的青春」に変わっています。本書では1番のみをとりあげましたが、余裕のある方は2番にも挑戦してみてください。

・你的眼神　烫伤我的青春　　　　　　（あなたのまなざしで　私の青春
nǐ de yǎnshén tàngshāng wǒ de qīngchūn 　はヤケドしちゃう。）
ニィダ　イエンシェン　タンシャンウォディチンチュン

いろいろ聞いてみよう

　元歌の『ルージュ』は、当初中島みゆきが、ちあきなおみへ提供した曲で、'79年の中島のセルフカバーアルバム『おかえりなさい』に収録されています。その後中国語圏では、本書でも取り上げているフェイ・ウォンの普通話バージョンだけでなくコーリー・コン(邝美云)の歌う広東語バージョンも爆発的にヒットしました。

　日本語がしっとりとした演歌風(なんていったってちあきなおみですもの。えっ！？　ご存じない読者がいらっしゃる？　うぅ……ジェネレーションギャップ！！)なのに対し、中国語のものは歌詞内容が演歌なのに、しっかりポップスしているところが言語マジックですよね。ちなみに普通話に訳した何啓弘は張学友の『吻別』の作詞者でもあり、言葉のセンスが光っています。広東語の訳詩は潘源良でニュアンスは普通話を踏襲していますが、よく見ると異なる歌詞になっています。広東語バージョンも女心にぐっとくる切なく素敵な曲ですよ。

ファンキーのつかみはOK！

　　　覚えたぞ！　便利なフレーズ。女の子とつい見詰め合ってしまったとき、私はすかさずこのフレーズを言う。「你的眼神　烫伤我的青春」しかもメロディーに乗せて言うのがよろしい。わたしのキャラクターではまず女の子は吹き出してしまうだろうが、それでいいのである。つかみはこれでOK！うーむ、いいフレーズだ……。

アーティスト紹介

Wáng Fēi
王 菲（フェイ・ウォン）

生年月日：1969年8月8日

容易受傷的女人

北京生まれで香港に移住、アメリカ留学経験もあるという彼女は、北京語、広東語、英語のそれぞれでアルバムを出してヒットをとばしている、今や押しも押されぬ大スター。デビュー当時は「王靖雯」の名で出ていました。

一時は気分屋でわがまま、インタビュアー泣かせといわれ、枠にはまらない意味で「另类 lìng lèi」（のちに「個性的」というニュアンスで使われるようになった）という修飾語が彼女専門に使われたくらいですが、結婚・出産を経験し、さらには近年バツイチにもなって、さすがに円熟みを増したように見えます。自分に正直でやりたいことを諦めない自然体の彼女に共鳴するファンは多く、香港の松田聖子だと私は目しているのですが、如何なものでしょう。

この曲は早くも '92年に発表されたアルバム『Coming Home』に収められていました。この2年後の '94年、王家衛（ウォン・カーウェイ）監督の映画『恋する惑星』で女優デビューも果たし、それを見てファンになった方も多いのでは？ それからというもの、彼女はスター街道をひた走ることとなりました。西日本では '99年末から携帯電話のCMでもお馴染みです。「あ、おとさん（お父さん）」「おかさん（お母さん）」のたどたどしい日本語のアレです。

ファンキーのアーティスト Who's Who?

私とフェイ・ウォンとの付き合いはかなり長い。90年に北京のロックバンド黒豹が初めて香港でライブを行ったとき、その移動のバスの中であるメンバーから紹介されたのが、初対面になる。

その後、めでたく当時の黒豹のボーカリスト、ドウ・ウェイと結婚。あれ？当時は違う人の彼女だったのになあ……。

ドウ・ウェイが来日したとき、一緒にお忍びでやってきて、楽屋でみんなでポーカーをやった。結果は彼女の一人勝ち。そんな運の強さも彼女の大成功の一つではないのか、と思うほど彼女はギャンブルが強い。

ドウ・ウェイとの離婚後はまだ会ってない。お元気ですか？ まだマージャンやってる？

③ 我只在乎你

wǒ zhǐ zài hu nǐ
（時の流れに身をまかせ）

作詞：荒木よしひさ（慎芝）
作曲：三木たかし

歌とカラオケ

如果没有遇见你 我将会是在哪里 日子过得怎么样 人生是否要珍惜

也许认识某一人 过着平凡的日子 不知道会不会 也有爱情甜如蜜

任时光 匆匆流去我只在乎你 心甘情愿感染你的气息 人生

几何 能够得到知己 失去 生命的力量也不可惜 所以

我求求你 别让我离开你 除了你我 不能感到 一丝丝情意

© 1986 by JAPAN CENTRAL MUSIC LTD.,
NIHON GEINO PUBLISHERS CO., LTD & BURNING PUBLISHERS CO., LTD.

この曲こそソウル！ この大スタンダードに最大の敬意を払い、私はこの曲を「ソウル・ミュージック」と解釈した。「ニューヨークのマンハッタンのJazzクラブで、一流のR&Bプレイヤーたちが集まって、でもボーカリストが中国人だったらどんなサウンドになる？」
プレイヤーにそう言ってそれぞれのイメージでプレイしてもらった。これぞチャイニーズ・ソウル！ ……名曲やね。

我只在乎你

如果没有遇见你
rúguǒ méiyǒu yùjiàn nǐ
ルゥグオメイヨウユィーチェンニィ

日子过得怎么样
rìzi guò de zěnmeyàng
リーズ クオダ ゼン マ ヤン

也许认识某一人
yěxǔ rènshi mǒu yìrén
イエシィ レンシ モウイーレン

不知道会不会
bùzhīdào huìbuhuì
ブゥジーダオ ホエ ブ ホエ

任时光匆匆流去
rèn shíguāng cōngcōng liúqù
レンシーグアンツォンツォンリウチ

心甘情愿感染你的气息
xīn gān qíngyuàn gǎnrǎn nǐ de qìxī
シンガンチンユアンガンラン ニィ ディ チィシ

失去生命的力量也不可惜
shīqù shēngmìng de lìliang yě bùkěxī
シチィ ションミン ディ リーリャンイエ ブクゥシー

别让我离开你
bié ràng wǒ líkāi nǐ
ビエランウォーリーカイニィー

一丝丝情意
yìsīsī qíngyì
イースースーチンイィー

我将会是在哪里
wǒ jiāng huì shì zài nǎli
ウォジアンホエ シ ザイナアリ

人生是否要珍惜
rénshēng shìfǒu yào zhēnxī
レンションシフォウヤオチェンシィー

过着平凡的日子
guòzhe píngfán de rìzi
クオジャ ピンファンディ リーズ

也有爱情甜如蜜
yě yǒu àiqíng tián rú mì
イエヨウ アイチン ティエンルゥミイ

我只在乎你
wǒ zhǐzàihu nǐ
ウォジー ザイフ ニィ

人生几何能够得到知己
rénshēng jǐhé nénggòu dédào zhījǐ
レンションジィフーノンコウ ダアダオ ヅィジー

所以我求求你
suǒyǐ wǒ qiúqiu nǐ
スオイィウォーチウチウニィー

除了你我不能感到
chú liǎo nǐ wǒ bùnéng gǎndào
チュリィアオニィウォーブノンガンダオ

歌詞の意味 ♥ 時の流れに身をまかせ ♥

もしもあなたに出会わなかったら
私はどこにいるのでしょうか
日々の暮らしはどうかしら
毎日は大切だったかしら
もしかしたらほかの誰かに出逢って平凡な
日々を過ごし
いったいそれで蜜のような愛情にめぐまれ
たかしら

時に流されながら
あなただけを想い
あなたの息づかいに染められたいの
人生でどれだけ心を許せる人に逢える?
命を失ったって惜しくはないわ
だからお願い
私を遠ざけないで
あなたなしでは
少しの情も感じられないの

◘ 如果

「もしも～だったら」の仮定を表します。仮定を表す接続詞はこれ以外に"要是 yàoshi" "假如 jiǎrú" などあります。

◘ 在哪里

「どこ?」場所を尋ねる疑問詞です。テレサ・テンのヒット曲でレオン・ライ(=黎明)主演の映画にもなった『甜蜜蜜』ではいきなり "♪～在哪里, 在哪里见过你?"「どこ? どこであなたに出逢ったの?」と歌い出します。

カラオケ屋さんを探すときも "卡拉ok厅在哪里? Kǎlā OK tīng zài nǎlǐ" でいいわけです。

◘ 过得怎么样

"怎么样 zěnmeyàng" こちらは様子(状態)を尋ねます。「どうですか?」暮らすことを中国語では "过日子 guò rìzi" といい "日子过得怎么样?" で「暮らしぶりはどうですか?」ということになります。

◘ 会不会

肯定と否定をつないだ疑問文です。"会 huì" はここでは可能性を表しています。「～するでしょうか」の意。

・明天他会不会来?　　　　　　　(明日、カレ来るかなあ?)
　Míngtiān tā huì bu huì lái

◪ 别让我离开你

"别bié"は禁止（…するな）を表す副詞で"不要búyào"に書きかえることもできます。使役表現の"让ràng"は既出の通り、その後の目的語に動詞の内容を「させる」わけです。ここでは「私をあなたから離れさせないで」という意味です。「あなたは私から離れないで」という意味の"你别离开我 Nǐ bié lí kāi wǒ"より控え目な感じが、より男心をくすぐる表現になっているように思います。もっとも最近では男性の方が女性にこう訴えるのかも。

一口メモ

「時の流れに身をまかせ」の中国語訳は「任时光匆匆流去」のほうですが、続く「我只在乎你」のほうをタイトルに採用。これは「あなただけを想っている」の意味です。

2句目の「我将会是」はメロディに乗せると忙しいので、事前に十分に口の動きを特訓しておきましょう。

12句目の「知己」はカタカナでは区別がつきにくいのですが、正しくは舌を巻き込んで発声する「ヅィ」("zhī")と口を横に平べったく伸ばして発音する「ジ」("jǐ")です。ここまで歌い分けられたら、中国人も舌を巻く（！）でしょう。

14句目の「我求求你」は哀願調です。去って行こうとする恋人に取りすがるときにも、涙を浮かべながら「我求求你」と訴えかけましょう。それでも、動じない冷血漢には未練を持たないように。もっとも、中国語を理解しない相手に使ってみても効果は期待できません。

最後の「一丝丝情意」の「丝」は本来「細い糸」意味です。「少しばかりの情」もあなたなしでは感じられないということです。

ファンキーの"カタカナ"に気をつけろ！

英語の"r"にも泣かされましたが、中国語での"r"もなかなかの曲者。しかもこの歌には、"如果"の"rú"、"日子"の"rì"、"人"の"rén"など、"r"音がたくさん含まれています。

舌をちょっと上あごの真中より後ろに当てるつもりで発音してください。英語の"r"とは違うので要注意です！

この時代は……

中国で70年末から80年初めのころまで展開されていた「精神汚染追放運動」では、テレサ・テンの曲は「黄色（＝エロ）」の烙印を押されて物流を禁止されてしまっていました。でも、「聞くな」と言われれば「聞きたい」のが人情、発禁の曲が海賊版となって主として若者にこっそり聞き継がれていたのです。

また、89年の天安門事件以後は、積極的に大陸の民主化を支持しつつ、活動の拠点をパリに移しました。このあたりの事情は、前述のレオン・ライ主演の香港映画『ラブ・ソング（邦題）』にも描かれていますので、映画をご覧になった方はよくご存じでしょう。映画原題の《甜蜜蜜》はまさにテレサ・テンの歌うその曲名から取ったものであり、映画の主旋律となっていましたね。

私はテレサ・ファン

実は拙文筆者（古川）の十八番はズバリこの曲。そのせいかとりわけ力がこもってしまいました。テレサ・テンが夭折後、台湾へ出かけて、白タク使ってはるばる墓地のある金山にお参りしたほどのファンです。

このお墓がとても凝っていてキレイなんですよ。高級墓地の一角を占め、テレサの胸像（あまり似ていないけど）や、ボタンを押すと彼女の往年のヒット曲が流れる墓碑。ホントはお見せしたかったんですが、お墓の写真はやっぱり縁起が良くないとのことで、ボツになりました。とほほ……。

ファンキーのつかみはOK!

『我只在乎你』こそ、ラブ・ワードの宝庫です。中国人の異性とお近づきになりたい方は、この歌詞を暗唱しておくに限る。

ただし暗唱の場合には四声というややこしいアクセントがついてまわるので、さりげなくアカペラで歌うのもよかろう。出だしの2行だけでもいいですよ。これは頑張りがいがある。

アーティスト紹介

Dèng Lìjūn
邓　丽君 (テレサ・テン)

生年月日：1953年1月29日

　台湾雲林県龍岩村生まれ。幼少時より抜群の歌唱力を評価され、14歳でレコードデビュー。台湾、香港、シンガポールで不動の人気を勝ち取った後、21歳で日本デビュー。デビュー曲の『今夜かしら明日かしら』は小ヒットにとどまったが、次作『空港』ではポップス調演歌路線を確立して成功を収め、この年のレコード大賞新人賞を獲得した。

　のちに、『愛人』『つぐない』『時の流れに身をまかせ』『別れの予感』ではレコード大賞、有線放送大賞等を総なめにしたが、1995年5月8日タイのチェンマイで夭折した。台湾台北市郊外の金山に眠る。

我只在乎你

カラオケでは

　『任时光匆匆流去』からが、何と言っても勝負です。前半はここに至るまでのイントロですから、力を溜めてここで一気に盛り上げましょう。ただし、力強い決意の影に「私、あなたがいなくちゃダメ」という女々しさと媚びを滲ませて、哀願も忘れないで下さい。これは、と思う人物がフロアにいたならば、しっかり視線を絡ませるのもお忘れなく。

ファンキーのアーティスト Who's Who?

　テレサ・テンさんとは一度もお会いしたことがない。みなさんもそうかもしれないが、私は北京のロッカーたちと出会うまで、テレサ・テン＝演歌歌手だと思っていた。

　しかしある時期、中国では彼女の歌は「精神汚染音楽」として好ましくないと評価されていた。うちの嫁なども、「彼女の歌は中国では聞いちゃダメだったのよ」と言う。

　「じゃあどうして君はその歌を知ってるの？」「だれだって知ってるわよ。みんな家で隠れて聞いてたのよ」

　北京のロッカーたちに、「影響を受けた音楽は」と聞くと、決まって彼女の歌が挙がる。そうか、テレサ・テンって当時はロックだったんだなあ……。

④ 我和你・北国之春

wǒ hé nǐ / běi guó zhī chūn
（北国の春）

作詞：いではく（林煌坤・吕远）
作曲：遠藤実

© 1978 DAIICHI MUSIC PUBLISHER CO., LTD.

歌とカラオケ CD 7
カラオケ CD 13

《我和你》

《北国之春》

ファンキーの録音秘話

この曲のアレンジは一番困った。そこで、「困ったらレゲエにしろ」との鉄則通り、レゲエ・アレンジに落ち着いた。演奏はまあ何の問題もない。問題は2番の男性パートの歌である。歌い終わってブースからエンジニアに言った。
「何かある？ 言っとくけど、何回歌いなおしてもレベルは上がらんよ」。ワンテンポ置いて返事が来た。「……はい、これでOKです」。うん、これでいいのだ。カラオケは楽しいのだ！

朗読 ☞ CD18

《我和你》

我衷心地谢谢你
wǒ zhōngxīn de xièxie nǐ
ウォチュンシンディーシエシエニィ

如果没有你给我爱的滋润
rúguǒ méiyǒu nǐ gěi wǒ ài de zīrùn
ルゥクオ　メイヨウニィ　ゲイウォアイダツゥルン

我们在春风里陶醉飘逸
wǒmen zài chūnfēngli táozuì piāoyì
ウォメンザイチュンフォンリ　タオズイピアオイィ

吟听那秋虫　它轻轻在
língtīng nà qiūchóng tā qīngqīng zài
リンティンナァチウチュン　タチンチンザイ

我的平凡岁月里有了一个你
wǒ de píngfán suìyuèli yǒuliǎo yíge nǐ
ウォディピンファン　ソェユェリ　ヨウリヤオ　イィガニィ

一番关怀和情意
yīfān guānhuái hé qíngyì
イィファンクアンホワイ　フゥ　チンイィ

我的生命将会失去意义
wǒ de shēngmìng jiāng huì shīqù yìyì
ウォダションミン　ジアンホエシチイィイィ

仲夏夜里绵绵细语
zhòngxià yèli miánmián xìyǔ
チュンシアイエリ　ミエンミエンシィユィー

呢喃迎雪花飘满地
nínán yíng xuěhuā piāo mǎndì
ニィナン　インシュエホアピアオマンディー

显得充满活力
xiǎnde chōngmǎn huólì
シエンダチョンマンフオリィ

歌詞の意味　♥ 私とあなた ♥

私はあなたの思いやりと気持ちに心から感謝しているわ もしもあなたが私に愛の潤いを与えてくれなかったら 私は生きている意義がなかったかもしれないもの 私たちは春風の中うっとり見つめ合い	真夏の夜はささやきあった 秋の虫の声が軽快に奏でられ 雪が積もる冬を迎えたわね 私の平凡な日々にあなたがいてくれたおかげで 生きる力に満ちあふれたようだわ

歌詞と読み方

《北国之春》

亭亭白桦　悠悠碧空　微微南来风
tíngtíng báihuà　yōuyōu bìkōng　wēiwēi nánláifēng
ティンティンバイホア　ヨウヨウビイコン　ウェイウェイナンライフォン

木兰花开山岗上　北国之春天　啊　北国之春天已来临
mùlánhuā kāi shāngǎngshang běiguó zhī chūntiān a běiguó zhī chūntiān yǐ láilín
ムゥランホアカイシャンガンシャン　ベイクオジイチュンティエン　アァ　ベイクオジイチュンティエンイイライリン

城里不知季节变换　不知季节已变换
chéngli bùzhī jìjié biànhuàn bùzhī jìjié yǐ biànhuàn
チョンリ　ブゥジイ　ジィジエ　ビェンホアン　ブゥジイジィジエイイビェンファン

妈妈忧在寄来包裹　送来寒衣御严冬
māma yōuzài jìlái bāoguo sònglái hányī yù yándōng
マーマヨウザイ　ジイライバオクオ　ソンライハンイイユィイアントン

故乡　啊　故乡　我的故乡　　何时能回你怀抱
gùxiāng a gùxiāng wǒ de gùxiāng　　héshí néng huí nǐ huáibào
グゥシアン　ア　グゥシアン　ウォダグゥシアン　　ハァシ　ノン　ホエ　ニィ　ホアイパオ

日本語の歌詞 ♥ 北国の春 ♥

白樺　青空　南風	届いたおふくろの　小さな包み
こぶし咲くあの丘　北国の	あの故郷へ帰ろうかな
ああ北国の春	帰ろうかな
季節が都会では　分からないだろうと	

《我和你》

◘ **我衷心地谢谢你　一番关怀和情意**

「いろいろとお心遣いありがとうございました。心から感謝申し上げます」。これはこのまま中国語のレターに使える言葉です。"情意qíngyì"はちょっと

愛情がかった思いが混じります。同じ発音で"情谊""情义"もありますが、こちらだと、前者は「友情」、後者は「人情」になりますね。愛情、友情、人情……どれも情には違いないのですが、中国語も"yi"違いで表現し分けられます。

表記文は"我衷心地谢谢你的关怀"と"的 de"が入ったほうがより分かりやすいでしょう。"关怀guānhuái"の代わりに"关心guānxīn"や"关照guānzhào"を使うこともできます。いずれも「お心遣い（ご配慮、お気遣い）に感謝いたします」の表現になります。

❏ 如果没有

「もし～がなかったら」の仮定です。"如果rúguǒ"は歌の中によく登場しますね。

❏ 将会

"将jiāng"は「近い将来そうなる」こと、"会huì"は「そうなるはず」と予測されること、この二つが連続すると「～になるかもしれない」。前の"如果rúguǒ"を受けて、話題を展開していきます。

❏ 我们在春风里 ～迎雪花飘满地

ここはうまく春夏秋冬を歌い込んでいますね。二人の恋の醍醐味を四季に織り込んで、楽しかった日々を追想しています。

秋の虫が囁き鳴くところでは、本来"呢喃ní nán"と続いているのですが、メロディにのせる都合で次のフレーズに合体させています。"呢喃ní nán"は虫の鳴き声ですので、冬の雪とは関係有りません。

❏ 有了一个你

普通に読めば"yǒu le yī ge nǐ"ですが、歌の中では"yǒu liǎo yī ge nǐ"と発音しているのに気づかれましたでしょうか？　本来軽声で軽く発音する"了le"は、歌では往々にして"了liǎo"とその存在をはっきり主張することが多いのです。同様に"的de"も、"的dì"と発音されてメロディに紛れてしまわないようしているのです。歌詞とメロディの長さのバランスにもよるため、例外もまま見受けられますが、テレサ・テンの歌い方はほぼこのルールを踏襲しています。

《北国之春》

◘ 亭亭白桦　悠悠碧空　微微南来风

　　原曲が朗々と「しらかばぁ〜」と歌い出すために、それだけの音節を揃えようと、わざわざ"亭亭 tíng tíng（＝まっすぐに伸びている）""悠悠 yōu yōu（＝はるかな）」"微微 wēi wēi（＝かすかな）"と重なりタイプの形容詞を足しています。言語特性が異なるので、訳詞者の苦労がうかがわれますね。

◘ 木兰花

　　これは木蓮のことです。こぶしもモクレン科ですから間違いではありませんが、正しくは"辛夷 xīnyí"です。漢方にも使われる薬剤でお馴染みですね。そういえば、中国人が花の名にアバウトなのにはよく驚かされます。「カトレア」も「シンビジウム」も「デンドロビウム」もすべて"兰花 lán huā（＝蘭）"です。楽といえば楽なのですが、通訳の力量を疑われそうで冷や汗ものです。

◘ 山岗上

　　「小高い山」、もしくは「丘」の上ですが、この"山 shān"と"上 shàng"の微妙な発音の違いにご注意下さい。"n"は舌先と前歯の裏で息を止め、"ng"は鼻に息を抜きます。ただ、カタカナでルビを無理矢理つけると、どちらも「シャン」にしかならないのが残念ですが。

◘ 御严冬

　　"御 yù"は防ぐとか抵抗するの意味です。日本語の「制御」「防御」の「御（ぎょ）」に相当します。冬の寒さを防ぐとか冬の寒さに備えるの意味です。

◘ 何时能回你怀抱

　　"何时 hé shí（＝什么时候 shénme shíhou）"「いつ」の意。これもよく登場していますね。"怀抱 huáibào"は「懐」の意味であり、お母さんや祖国などにつく言葉です。先の香港やマカオの返還時にも、さかんに"回到祖国的怀抱 huídào zǔguó de huáibào"「祖国の懐に戻る」が使われましたね。

◘ 北国之春

　　中国語を学習しはじめると、割と早い段階で日本語の「の」に当たる中国語は"的 de"だと習います。それでは『北国の春』はどうして『北国的春』ではないのでしょうか。
　　中国語の漢字1字1字の読みはピンインを見ていただくと分かるように、長

さに違いが生じます。"的 de" は軽声で短いので、前の "北国 běiguó" と後続の "春 chūn" の間に挟むと、前後のバランスが悪くなり、発音した際におさまりが悪い感じがします。それを文語調の "之 zhī" に置き換えることで音の長さのバランスが整いおさまりがよくなります。また "之 zhī" それ自体がしっかり発音されるので、「北国」+「之春」という安定感も「北国」+「之」+「春天」という安定感も可能ですが、「的」の場合には「北国」+「的」+「春天」と「春」に「天」を加えてはじめておさまりがよくなります。

　日本語の歌詞を中国語に訳出する際に、口語ではあまり使われない表現がしばしば見受けられるのは、このような音の長さのバランスが重要視されているからなのです。

ファンキーの"カタカナ"に気をつけろ！

　"n" と "ng" の違い……これも日本人には非常に分かりにくい。1行目の "一番 yī fān" の "fan" や "关怀 guān huái" の "guan" なんかは、"ng" で発音してしまうとまるっきり別の意味の言葉となってしまいます。

　乱暴なやり方としては、"n" の発音のときは、舌をアカンベーと出してそれを歯で噛むのです。"fan" は「ファ」を発音した後に「ンー」と舌を噛む。"guan" の場合は、"gu" を発音して "a"（これは英語の map や cap や apple と同じく名古屋弁のおみゃーに近い）を発音してすかさず舌を前に出してそれを歯で噛んで「ン」と言う。一つの文字でこれは忙しすぎる！　まして歌なんか歌ってたら舌を噛み切ってしまいかねないので、これは練習程度にとどめておきましょう。逆に "ng" なんかは、1行目の "zhōng" などは、口を開けたまま「ンー」と言えばばっちし！

雑学アレコレ

いろいろな『北国の春』

ここでは、歌詞を別物に換えた違訳*の『我和你』と、もとの歌詞を忠実に生かした直訳の『北国之春』をご紹介しました。『我和你』はみなさんもよくご存じのテレサ・テンが、『北国之春』は中央民族歌舞団のベテラン・テノール歌手蒋大為が歌い、どちらもそれぞれに人気があります。

一般的に大陸の方は『北国之春』を、台湾・香港の方は『我和你』のほうを好んで歌う傾向があるようです。また、台湾では『榕树下 róngshù xià』（＝ガジュマルの木の下で）という余天さんが歌っている違訳ものも人気で、こちらも日本の通信カラオケにも収容されているほどの市民権を得ています。

ほかにも広東語で歌われている『故乡的雨』（＝故郷の雨）や台湾語で『怀念的春天』（＝懐かしい春）、『思乡的人』（＝望郷の人）などなどたくさんの違訳ものがあります。

＊「違訳」ってなんや？ 「意訳」と間違っとんのとちゃうか？ と読者の皆さまからお叱りを受けるのを覚悟であえて造語させていただきました。

もちろん「間違った訳」という意味ではありません。それらは「誤訳」です。ここでは「違う内容に訳している」というつもりで使いました。それじゃ「訳」とは言えんわい。はいはい、ごもっともです。でも「同一メロディをもつ音楽を、作詞者の感性で別の詞に訳した作品」と私はとらえているのです。

一方、「意訳」という言葉は、「直訳」に相対して使われますが、あくまで「意味を分かりやすく訳出する」ということで、別物に仕立て上げるのとはわけが違うのです。

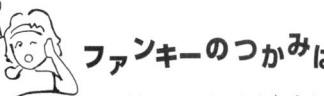

ファンキーのつかみはOK!

男性は、これはひとえにギャグで使いましょう。日本人、中国人ならだれでもが知っているこの冒頭のメロディー、悦に入って朗々と歌い出せば、ツボに入れば女性は笑い転げます。

笑いでしか女性をつかめないわたしも情けないですが、試してみる価値あり！

アーティスト紹介

Jiǎng　　Dà wéi
蒋　大为

1947年、天津生まれ

　幼少時より、天津労働者文化宮のアマチュア・コーラスグループで歌の練習に励んでいましたが、文化大革命で吉林に下放されました。1970年から吉林省森林警察文工団に参加して歌を本業とするようになりました。

　その後1975年の全国独唱独奏大会に吉林代表として参加したのを契機に中央民族歌舞団に移籍。'70年代当時は、李谷一らと並び映画やドラマの挿入歌等で人気を博し、ポップスアイドルの走りといわれていました。今では超ベテランの域に入っているテノール歌手です。日本人には『北国の春』や『千曲川』『浪花節だよ人生は』のカバーを歌う中国人として知られていますね。私は中国の三波春夫とひそかに目しています。

　そもそも1980年代、中国が「近代化」の政策の一つとして各国の歌をラジオなどで紹介するようになったのが、『北国の春』が中国で歌われるようになったきっかけでした。20年近い歳月を経た今なお、この歌は日中ビジネスや友好交流の場では欠かせないものの一つです。皆さんはぜひとも日本語の歌詞も覚えておかれるといいですね。

我和你
北国之春

ファンキーのアーティストWho's Who?

　お会いしたことも、何の接点もございいません。ただこの方のこのバージョンの「北国の春」はそれはそれはよく耳にします。

　だいたいはジジイが熱唱するのですが（あ、わたしもそうか……）、そういう意味では偉大な方ですよねえ。一度ホンモノを生で聞いてみたいものです。

⑤ 明明白白我的心

míng míng bái bái wǒ de xīn
（私の心を分かって）

作詞：李宗盛
作曲：李宗盛

明 明 白 白 我 的心　　渴望一份 真感情

曾经 为 爱 伤透了心 为什么 甜蜜的梦 容易醒

你有一双温 柔 的 眼睛　　你有善解人 意 的 心灵

如果你愿意　　请让我靠近　　我想你会明 白 我 的心 哦…

星 光灿烂　　风 儿轻　　最 是寂寞女 儿 心

告别旧日恋情　把那创伤抚平　不 再 流 泪 到 天 明　我

明 明 白 白 你的 心　　渴望一份 真感情

我曾经 为爱 伤透了心 为什么 甜蜜的梦 容易醒 嗯…

© 1991 Rock Music Publishing (Japan) Co., LTD.

> **ファンキーの録音秘話**
> この曲は言わずと知れたデュエットの定番。原曲は甘ーいバラードナンバーなのだが、私とWeiWeiが見詰め合ってバラードも気持ち悪いので（私が？ いやいや彼女がでしょう）思い切ってアップテンポにアレンジしました。
> 手法としては、エミール・チョウが花をアップテンポにしたのと同じです。「チャイニーズ・スタンド・バイ・ミー」と我々は呼んでいます。

歌詞と読み方　朗読 ☞ CD20

明明白白我的心
míngmíng báibái wǒ de xīn
ミンミンバイバイ　ウォダシン

曾经为爱伤透了心
céngjīng wèi ài shāngtòule xīn
ツンチンウェイアイシャントゥラシン

你有一双温柔的眼睛
nǐ yǒu yìshuāng wēnróu de yǎnjing
ニィヨウイィシュアンウェンロウダイェンチン

如果你愿意　请让我靠近
rúguǒ nǐ yuànyì qǐng ràng wǒ kàojìn
ルゥグオニィユアンイィ　チンランウォカオジン

星光灿烂　风儿轻
xīng guāng cànlàn fēng'ér qīng
シンクアン　ツァンラン　フォンアァチン

告别旧日恋情　把那创伤抚平
gàobié jiùrì liànqíng bǎ nà chuāngshāng fǔpíng
カオビエジウリィ　リェンチン　バナァチュアンシャン　フゥピン

我明明白白你的心
wǒ míngmíng báibái nǐ de xīn
ウォミンミンバイバイ　ニィダシン

曾经为爱伤透了心
céngjīng wèi ài shāngtòule xīn
ツンチンウェイアイシャントゥラシン

渴望一份真感情
kěwàng yífèn zhēn gǎnqíng
クゥワンイィフェンチェンガンチン

为什么甜蜜的梦容易醒
wèishénme tiánmì de mèng róngyì xǐng
ウェイシェマ　ティェンミィダモン　ロンイィシン

你有善解人意的心灵
nǐ yǒu shànjiě rényì de xīnlíng
ニィヨウシャンジエレンイィダシンリン

我想你会明白我的心　哦
wǒ xiǎng nǐ huì míngbái wǒ de xīn e
ウォシアンニィホェミンバイウォダシン　ン・・・

最是寂寞女儿心
zuì shì jìmò nǚ'ér xīn
ズイシジィモゥ　ニィアァシン

不再流泪到天明
bùzài liúlèi dào tiānmíng
ブゥザイリウレイタオティェンミン

渴望一份真感情
kěwàng yífèn zhēn gǎnqíng
クゥワンイィフェンチェンガンチン

为什么甜蜜的梦容易醒　嗯
wèishénme tiánmì de mèng róngyì xǐng en
ウェイシェマ　ティェンミィダモン　ロンイィシン　ンンン

> **歌詞の意味** ♥私の心を分かって♥

本当の気持ちを心から望んでいるの
以前愛によって心を傷つけられたもの
どうして甘い夢は簡単に醒めてしまうの
あなたは優しい眼差しを持っている
あなたは人を理解する心を持っている
もしよかったら 私をそばに近寄らせて
あなたは私の心を分かってくれると思うから
星がまたたき、風が心地いいわ

最も寂しいのは女心ね
昔の恋にさよならを告げて 心の傷をなでいやしたい
もう二度と明け方まで涙を流さないように
僕は君の心が分かるよ
本当の気持ちを心から望んでいるんだね

以前愛によって心を傷つけられたもの
どうして甘い夢は簡単に醒めてしまうの

歌で学ぶ表現ポイント

◆ 曽经

「かつて～であった」という過去の経験を表す。

・我曽经在中国念过书。　　　（むかし中国で勉強していたことがある。）
　Wǒ céngjīng zài Zhōngguó niànguo shū.

◆ 为爱伤透了心

"为 wèi" は「ために」という目的と、「せいで」という理由・原因を表現し得ますが、ここでは後者の理由を示しています。愛のせいで心を傷つけられたというハートブレイクをいっているわけです。

◆ 最是寂寞女儿心

歌詞の意味解説で「最も寂しいのは女心ね」としましたが、上級者ならおそらくちょっと変じゃないのォと思われたことでしょう。そうです。"最寂寞的是女儿心。Zuì jìmò de shì nǚ'ér xīn" でないとこの意味になりません。でもそこはメロディが先行する歌のことですから、文法に合致しなくても意図をくみとってあげましょう。語感で勝負！の世界なのです。

◆ 如果你愿意　请让我靠近

「もしも～ならば」の仮定を表す "如果 rúguǒ" と、使役の「～させる」"让 ràng" は既出ですので、繰り返しません。もし君が望むなら、私を近寄らせて

だなんて、なかなか控え目ながらグッと心に迫るフレーズではあ～りませんか！ジャッキー・チェンにそう迫られたら、一も二もなく「どうぞ、どうぞ、寄ってきて」って熱烈歓迎の旗振って迎えちゃいますよね。もちろん、ファンキーさんでもですよぉ！！（でもって何や！？　ｂｙファンキー）ぜひラブレターに転用してみて下さい。

◪ 把那创伤抚平

"把 bǎ"で目的語をどうするかを示す、処置文もすでに説明しましたね（☞P12）。あの傷を撫でて平らにするということです。このフレーズは"bǎ nà chuāngshāng fǔpíng"と音節が多いので、歌うときにかなり慌ただしい思いをします。ここは、事前によく発声練習して口がまわるようにしておいてください。どうしても追いつかない、とお嘆きのあなた、エエイままよ！「バナ・チャンシャン・フピン」とごまかして下さい。

◪ 不再

「もう二度と～しない」

・我**不再**跟你见面。　（もう二度とあなたと会いたくないわ。）
　Wǒ búzài gēn nǐ jiànmiàn.

自らの頑なな意思を表現するにはコレですね。

ファンキーの"カタカナ"に気をつけろ！

　ここでも"n"と"ng"が難しい。とくに各行の最後の言葉はすべて"in"か"ing"に統一されてます。つまりこれをちゃんと言い分けられなければならないのです。
　恐ろしいことに、"心 xīn"と"醒 xǐng"はカタカナで書くとどちらも「シン」ですし、"晴 jing"と"近 jìn"はどちらも「ジン」なのに……。前述の舌を噛む手法と口を開けたまま「ン」と言う手法で練習してみてください。

雑学アレコレ

デュエットはこの曲で

　この曲はジャッキー・チェン（成龙）とサラ・チェン（陈淑桦）のデュエットソングがオリジナルですが、日本では体操界のプリンス池谷幸雄とホリプロ・スカウトキャラバンが北京から発掘してきた張茜さんとで日本語にカバーして歌っていましたね。タイトルにもある「明明白白我的心」のフレーズだけは中国語で残してましたけど。
　メロディが比較的平易でバラード調なので、カラオケ初級者にもお勧めの曲です。私は以前一人で中国のカラオケバーに行った際、お店のボーイさんをつかまえて一緒に歌っていただきました。こんな風に日中友好に励むもよし、ナンパ（逆ナンパ？）手段に使うもよし。デュエットの醍醐味をぜひ活用してみて下さい。

達人のヒケツ

　さて、歌詞カードにあって、ピンインやカタカナでは発音を表しにくいものに、"哦"と"嗯"があります。鼻歌を歌うとき、ハミングするときの「フン、フン、フン」という微妙な音をどう視覚的に表現したら良いものか……。軽く鼻音で抜くような感じですが、できればヤケを起こして吠えないようにお願いします。

ファンキーのつかみはOK!

　この楽曲は、存在自体がもうラブソングです。異性を口説くにはこれをデュエットするしかない。そして歌い終わった後、もしくは間奏の間に、自分の歌った部分のセリフを相手に耳打ちする。
　「如果你愿意　请让我靠近」なんか耳打ちしてみたいもんですね。これでバッチリ！　女の子は、もう大爆笑！（ウケてどないすんねん！）

アーティスト紹介

Chén　Shū huà
陈　淑桦（サラ・チェン）　　　　　　生年月日：1958年5月14日

　　たくさんのヒットを出している実力派。中でもテレビドラマや映画の主題歌・挿入歌のヒットは数多いので、『梦醒时分』『明明白白我的心』『这样爱你对不对』『生生世世』などをどこかで聞いたことがあるという方は多いことでしょう。

　　また、ディズニーアニメ『アラジン』のテーマソングを周华建と一緒にカバーした『萍水相逢』も美しい曲に仕上がっています。

Chéng　Lóng
成　龙（ジャッキー・チェン）　　　　　生年月日：1954年4月7日

　　歌手としてよりはアクションスターとして有名なジャッキー・チェン。その身体を張った演技は、スタントマンを使わないことを自負しているだけあって、迫力に富み、手に汗握るものがありますよね。歌のほうもかなりのもので、中でもこの曲は彼のヒューマニティが滲み出ていて素敵です。

　　ただ、最近は元ミス香港の呉綺莉との不倫発覚（なんと彼女は未婚の母宣言をしてしまった。証拠が残るよねぇ、世間に）で、少しイメージダウンしてしまいましたが。英雄は色を好む"英雄好色 yīng xióng hào sè"ですよね。

明明白白我的心

ファンキーのアーティスト Who's Who?

　残念ながらサラ・チェンともジャッキー・チェンとも面識はありません。
　でも、とくにジャッキー・チェンといえば日本でも知らない人はいないほど有名人ですよねえ。やはり中国の音楽ファンは香港映画からファンになった人が多いようです。

6 对面的女孩看过来

duì miàn de nǚ hái kàn guò lái
トイミエン ダニイハア カンクオライ

（向かいのお嬢さんこっち向いてよ）

作詞：陈庆祥
作曲：陈庆祥

歌 CD11
カラオケ CD14

对面的女孩 看过来 看过来 看过来
这里的表演很精采 请不要假装 不理不睬
对面的女孩 看过来 看过来 看过来
不要被我的样子吓坏 其实我 很可爱
寂寞男孩 的悲哀 说出来 谁明白
求求你抛个 眉眼过来 哄哄我逗我乐开怀 （"呵呵呵···没理我"）我
左看右看 上看下看 原来每个女孩 都不简单 我
想了又想 我猜了又猜 女孩们的心事还真奇怪

© 1998 Rock Music Publishing (Japan) Co., LTD.

ファンキーの録音秘話

ほっと出のヒット曲はいくつもあるけど、そのまま歌い継がれるスタンダードとなる曲はいくつあるでしょう……。そんな中でファンキー末吉イチオシなのがこの曲。どうですこのメロディー！

寂寞男孩的苍蝇拍　　左拍拍　　右拍拍

为什么还是 没人来爱　无人问津哪　真无奈

对面的女孩 看过来　　看过来　　看过来

寂寞男孩 情窦初开　需要你给我一点爱

哎　　　　哎　　　　　D.S. al Coda

对面的女孩看过来

我 左看右看 上看下看 原来每个女孩都不简单　我

想了又想 我猜了又猜　女孩们的心事还 真奇怪　　哎·真奇怪

来啦来啦来啦来啦来　啦来啦来啦来啦　来啦来啦来啦来啦　oh, ei oh

Fine

来啦来啦来啦来啦　来啦来啦来啦来　来啦来啦来啦来啦　来（"咳，算了，回家吧。"）

歌詞と読み方

对面的女孩看过来
Duìmiàn de nǚhái kànguòlái
トイミエン　ダニイハア　カンクオライ

这里的表演很精采
Zhèli de biǎoyǎn hěn jīngcǎi
チャアリダビヤオイエン　ヘンチンツァイ

对面的女孩看过来
Duìmiàn de nǚhái kànguòlái
トイミエン　ダニイハア　カンクオライ

不要被我的样子吓坏
Bùyào bèi wǒ de yàngzi xiàhuài
ブウヤオベイウォダ　ヤンズシアホワイ

寂寞男孩的悲哀
Jìmò nánhái de bēi'āi
ジイモウナンハイダベイアイ

求求你抛个眉眼过来
Qiúqiu nǐ pāo ge méiyǎn guòlái
チウチウニィ　パオガメイイェンクオライ

"呵呵呵……没理我。"
he he he .... méi lǐ wǒ
フフフ　　　メイリィウォ

我左看右看　上看下看
Wǒ zuǒkàn yòukàn　shàngkàn xiàkàn
ウォズオカンヨウカン　シャンカンシアカン

我想了又想　我猜了又猜
Wǒ xiǎngle yòu xiǎng　wǒ cāile yòu cāi
ウォシアンラヨウシアン　ウォツァイラヨウツァイ

寂寞男孩的苍蝇拍
Jìmò nánhái de cāngyingpāi
ジイモウナンハイ　ダ　ツァンインパイ

看过来　看过来
kànguòlái　kànguòlái
カンクオライ　カンクオライ

请不要假装不理不睬
Qǐng bùyào jiǎzhuāng bùlǐbùcǎi
チンブヤオジアジュアンブリブツァイ

看过来　看过来
kànguòlái　kànguòlái
カンクオライ　カンクオライ

其实我很可爱
qíshí wǒ hěn kě'ài
チイシイウォ　ヘンクァアイ

说出来　谁明白
shuōchūlái　shéi míngbái
シュオチュライ　シェイミンバイ

哄哄我　逗我乐开怀
hōnghong wǒ　dòu wǒ lè kāihuái
ホンホンウォ　トウウォラァカイホワイ

原来每个女孩都不简单
yuánlái měige nǚhái dōu bù jiǎndān
ユアンライメイガニィハイトウブウジェンダン

女孩们的心事还真奇怪
nǚháimén de xīnshì hái zhēn qíguài
ニィハイメンダシンシィハイチェンチィクワイ

左拍拍　右拍拍
zuǒpāipai　yòupāipai
ズオパイパイ　ヨウパイパイ

为什么还是没人来爱
wèishénme háishì méirén lái ài
ウェイシェマ ハイシ メイレンライアイ

对面的女孩看过来
Duìmiàn de nǚhái kànguòlái
トイミエン ダニイハァ カンクオライ

寂寞男孩情窦初开
Jìmò nánhái qíngdòu chūkāi
ジィモウナンハイダチンドゥチュウカイ

我左看右看　上看下看
Wǒ zuǒkàn yòukàn　shàngkàn xiàkàn
ウォズオカンヨウカン　シャンカンシアカン

我想了又想　我猜了又猜
Wǒ xiǎng le yòu xiǎng　wǒ cāi le yòu cāi
ウォシアンラヨウシアン　ウォツァイラヨウツァイ

我左看右看　上看下看
Wǒ zuǒkàn yòukàn　shàngkàn xiàkàn
ウォズオカンヨウカン　シャンカンシアカン

我想了又想　我猜了又猜
Wǒ xiǎngle yòu xiǎng　wǒ cāile yòu cāi
ウォシアンラヨウシアン　ウォツァイラヨウツァイ

哎　真奇怪
Ài　zhēn qíguài
アイ　チェンチィクァイ

来啦来啦来啦来啦・・・・oh, ei oh
Lái la lái la lái la lái la
ライラ ライラ ライラ ライラ

来啦来啦来啦来啦・・・・
Lái la lái la lái la lái la
ライラ ライラ ライラ ライラ

"咳，算了。回家吧。"
Hài, suàn le　huí jiā ba
ハイ スワンラ ホエチアバ

无人问津哪　真无奈
wúrén wènjīn na　zhēn wúnài
ウゥレンウェンチンナ　チェンウゥナイ

看过来　看过来
kànguòlái kànguòlái
カンクオライ　カンクオライ

需要你给我一点爱
xūyào nǐ gěi wǒ yìdiǎn ài
シィヤオニィゲイウォイィディエンアイ

原来每个女孩都不简单
yuánlái měi ge nǚhái dōu bù jiǎndān
ユアンライメイガニィハイトウブゥジェンダン

女孩们的心事还真奇怪
nǚháimen de xīnshì hái zhēn qíguài
ニィハイメンダシンシィハイチェンチィクワイ

原来每个女孩都不简单
yuánlái měi ge nǚhái dōu bù jiǎndān
ユアンライメイガニィハイトウブゥジェンダン

女孩们的心事还真奇怪
nǚháimen de xīnshì hái zhēn qíguài
ニィハイメンダシンシィハイチェンチィクワイ

歌詞の意味 ♥ 向かいのお嬢さんこっち向いてよ ♥

向かいのお嬢さん、こっち向いて
こっち向いてったら　こっち向いて
こっちのパフォーマンスはかっこいいぜい
興味ないふりなんかしないで
向かいのお嬢さん、こっち向いて
こっち向いてったら　こっち向いて
へんてこな格好に驚かないで
ほんとは僕って、かわいいんだぜ
寂しがり屋の男の子の悲しみなんて
言ったって分かっちゃくれないだろうね
流し目一つでいいから投げて
僕をよしよししておくれ　楽しい気分にしておくれ

「ふふふ……こっちを見てもくれない。」

あっち見ても　こっち見ても　女の子って小難しいよね
一生懸命考えても　あれこれ想像しても
女の子たちの気持ちって分かんないよなぁ

寂しがりやの男の子のハエたたき
あっちぱたぱた　こっちぱたぱた
どうしてだれも愛してくれないの
誰も尋ねてくれないの　仕方ねえな
向かいのお嬢さん、こっち向いて
こっち向いてったら　こっち向いて
寂しがり屋の男の子が目覚めるには
君の愛情が少し必要なのさ

あっち見ても　こっち見ても　女の子って小難しいよね
一生懸命考えても　あれこれ想像しても
女の子たちの気持ちって分かんないよなぁ
あーあ、まったく分かんねぇ

ラララ　ラララ　ラララ　ララ
ラ・・・・

「もう、いいや。あきらめて家帰ろう」

歌で学ぶ表現ポイント

◘ 过来

　文法で言うところのいわゆる「方向補語」です。話し手を基点とする移動方向を表現します。"看 kàn"という動詞につくとこっちを振り向く意味になります。

◘ 表演精采

　"表演 biǎoyǎn"は「パフォーマンス」と訳しました。ここではストリートパフォーマンスのようなもので、女の子の気を惹こうとしている、もしくは歌を歌っている状況そのものズバリを指しているように思います。ショーや演劇、出し物、見せ物などをほめる場合の形容詞は一般に"精采 jīngcǎi"です。

◘ 不理不睬

　同義または類義の 1 音節に "不~不…" で「~もしなければ…もしない」となります。"理 lǐ" も "睬 cǎi" も「相手にする」という意味ですから、それをことごとく否定するのが "不理不睬 bù lǐ bù cǎi"。まったく相手にしないということです。同様の使い方では "不言不语 bù yán bù yǔ（うんともすんとも言わない）" "不吃不喝 bù chī bù hē（飲まず喰わず）" などがそうです。

◘ 被（だれそれ）吓坏

　「（だれそれ）に驚かされる」という受身形です。"被 bèi" のすぐあとに来たものに驚かされるわけですが、ここでは私の様子に驚かされるっていうわけです。よほど不細工か、ごっついんでしょうかねぇ!?

◘ 求求你

　助けを求める際の常套句ですね。テレサ・テンの『時の流れに身をまかせ』でも出てきました。このあとにフレーズがつくときは、「助けて！」ではなく「お願いだから~して」と訳すといいですね。

◘ 左看右看　上看下看

　左を見て、右を見て、上を見て、下を見て……って別に目の体操をしているんではありませんよ。あちらこちらを見てみるとの意味合いですが、さすが中国語ならではのリズムさとコミカルさを醸し出していますね。

ファンキーの "カタカナ" に気をつけろ！

　この曲は素朴なメロディーと歌詞をもつ、非常に楽しめる曲です。ただ、詩の内容や歌い方が口語的なので、できれば朗読を聞いて四声も覚えてから歌うと説得力も倍増でしょう。

　例えば、同じメロディーであってしかるべき、"不理不睬" や "很可爱" や "乐开怀" などがどうして異なるメロディーとなるのか。これはメロディーを話し言葉的に歌っているため、その本来の四声がそのままメロディーに反映されているのです。

　基本的には、四声という中国語独特のアクセントは、いざ歌となると全部とっぱらわれてしまいますが、ことニュアンスという点では永遠にそれは残ってるんですねえ。うーむ、奥が深い！

◘ 想了又想　猜了又猜

"～了又～（～に同じ動詞）"でその動作を「とことんする」、「よくよくする」意味になります。"看了又看 kàn le yòu kàn（よくよく見る）""问了又问 wèn le yòu wèn（とことん尋ねる）"という具合です。

◘ 无人问津

全体的に口語で軽いノリの言葉群の中にあって突然文語調（書面語）なのが意表を突いて面白い言葉です。「誰も尋ねてくれないの」という嘆きです。

◘ 哪

歌では勢い余って"哪 na"という助詞がつきますが、"津 jīn"の"n"に"啊 a"が融合して"na"となったわけです。通常は軽声で発音します。

◘ 真无奈

"无可奈何 wú kě nài hé""无奈何 wú nài hé""无奈 wú nài"このどれもが、「仕方がない」、「どうしようもない」、「如何ともし難い」の意味です。この場合は"奈"が"nài"という発音になりますので、ご注意下さい。

◘ 情窦初开

中国語のネイティブがこれを見たら、あれぇ、男の子が歌っていたはずなのに　と目を丸くすることでしょう。そうです、この"情窦初开 qíng dòu chū kāi"は本来女の子が色気づいていくことを表現する言葉なんです。それを敢えて男の子が使うことで気弱さや、もっと言えば女々しさを出しているのかもしれません。もっとも、ひょっとしたら阿牛は実は男の子でなく女の子なのかもしれませんよ。どなたか勇気のある方はちょっと確かめに行ってみてください。

雑学アレコレ

韻を踏む

　この曲は全体的にとてもノリがよく、歌いやすいですよね。何気ない歌詞でありながら、実は絶妙に韻を踏んでいます。ことに第1ブロックの「対面的女孩～逗我乐开怀」までの"来 lái"、"采 cǎi"、"睬 cǎi"、"坏 huài"、"爱 ài"、"哀 āi"、"白 bái"、"怀 huái"のすべてが"ai"で韻を踏んでいます。今一度発音を練習してみて下さい。

セリフ対決！

　この曲はリッチー・レン（＝任贤齐）が歌っているヴァージョンを聞いて知った人が多いのでは？　でも、この曲を作りかつ自ら歌ってヒットさせたのは、実はベビーフェイスのマレーシア人歌手・陈庆祥（＝阿牛）なのです。彼のＣＤではこの曲中のセリフは"我很丑,可是我很温柔（僕は不細工だけど、心根は優しいんだぜ）①"とちょっと訛った北京語で挟み、最後は女の子たちが広東語で「きしょくわるーい！」と言って幕を閉じています。この"我很丑,可是我很温柔"はもともとは台湾のシンガー赵传のヒット曲タイトルでしたが、その後さらに映画にもなって、おなじみのフレーズとなりました。

　本テキストでは任贤齐ヴァージョンを採用しました。歌の合間では自嘲的に"呵呵……没理我（フフフこっちを見てもくれない）②"ラストでは"算了,回家吧。（もう、いいや。あきらめて家に帰ろう）③"と、せつなくかつコミカルなセリフは任贤齐ならではのもの。ネアカな歌いぶりとこのセリフのミスマッチが余計にインパクトを持つように思います。捨てぜりふというわけではありませんが、ここは是非一発決めてみて下さい。

① 我很丑，可是我很温柔。
　　Wǒ hěn chǒu, kěshi wǒ hěn wēnróu.

② 呵呵・・・没理我。
　　he he ...méi lǐ wǒ.

③ 算了，回家吧．
　　Suàn le, huí jiā ba.

アーティスト紹介

Rén　Xián qí
任　贤齐（リッチー・レン）　生年月日：1966年6月23日　台湾生まれ

『心太软』『伤心太平洋』でブレークしたリッチー・レン。もとDJだったこともあって、そのお喋りやチャーミングな振る舞いは3枚目ながら憎めないってファンが多いのでは？　阿牛のこの曲をカヴァーした縁で、阿牛とも交流が深く、ジョイントコンサートなども行っています。

Chén　Qìng xiáng ／ Ā　Niú
陈　庆祥／阿　牛（タン・ケンシオン）生年月日：1976年8月31日

この曲のヒットで一躍スポットを浴びた阿牛、実はこの曲の作詞・作曲者でもあります。あまりに売れたので、おちゃらけでついでに『対面的男孩看过来』というパロディまで作詞したノリの良い人です。何てったって若い！！　それに年齢以上に童顔なんですから、あの歌詞の軟弱さも許せる気がしますね。マレーシア華人なので、普通話は苦手とみえ、曲中のセリフ"我很丑，可是我很温柔"も何て言っているのか聞き取りにくいほどです。

ファンキーのアーティスト Who's Who?

　まだ会ったことはありませんが、阿牛はマレーシアン・チャイニーズです。マレーシアは基本的にマレー民族の国家ですが、過半数に迫らんばかりの数の中国系の住民がいます。
　もちろん国語はマレー語ですが、民族間の共通言語である英語や、またそれぞれの民族の言葉も使われています。中国系の中では福建人が多いようですが、広東人やその他の中国系住民とのコミュニケーションには北京語とも呼ばれる「普通話」（この教材で使われているのはこれ！）が使われてたりします。
　非常に面白い多民族国家なのですが、ヒットチャートにマレー・ポップスチャートとチャイニーズ・ポップスチャートがあるということもさることながら、マレーシアのシンガー・ソングライターがこのように全中華圏を席巻するヒット曲を出し、それがマレー語でカバーされて自国で歌われたりするのも、面白い。
　チャイニーズって本当に逞しいですよねえ……。

レコーディング風景

コラム　ファンキートーキング…

　このコーナー『ファンキートーキング』は、もう読み飛ばしてください。「それでも……」というあなた、期待してもいいですよ。私と中国の深くて熱い関係が浮き彫りにされてきています。はっきり言って、ほかでは入手不可能な貴重な情報も入っていたりして……。

（1）「カラオケが嫌いだぁ！！！！」

　私は昔からカラオケが嫌いだった。とくにバンドでデビューし、『ランナー』や『リゾラバ』等のヒット曲を生み出してからそれが顕著になった。何故嫌いかというと、次のようなエピソードを読んでいただければ少しは理解してもらえるかもしれない。

　　　　　　　　　　＊　　　　　＊　　　　　＊

　とある映画音楽を担当させていただいて、その打ち上げの会場にて…。
「ファンキーさんも何か1曲歌ってくださいよ」
「いやー……わたしは音痴なんでやめときますわ」
だいたいそう言って断ってきた。だって私はドラマーであってボーカリストではないのだから…。

　場は非常に盛り上がり、主演女優さんや男優さんなんかもマイクを離さない。彼らは芸人なのである。絶対どんなことをしても場を盛り上げることを忘れない。最後には監督までがマイクを持って絶叫している。

　そんな中、トリに近い位置でいきなり『大きな玉ねぎの下で』のイントロが始まった。
「それではお待たせいたしました。いよいよこの方の登場です。この映画に素敵な音楽をつけてくださいました、ファンキー末吉さんです！」
司会者が意気揚揚と紹介する。
そして傍らでは助監督が手を合わせて私に懇願する。
……仕方がない……

しぶしぶ舞台に上がる。
「おう……本物だ……」「すんげー……」等どよめきが上がる。
　しかし考えて見たまえ。そりゃこの曲は何度も演奏してるし知ってるよ。でも歌ってるのは中野であって私ではない！　しかも生まれて初めて歌おうというのである。
　歌が始まる。客席が一瞬息を呑む。
「あれ？　何か違うなあ……」とでも思っているのか。
またこの沈黙と視線の集中に間がもたない。ワンコーラス歌い終わると、お約束のような割れんばかりの拍手……
「いやー、やっぱ本物は違うわ……」
本物ちゃうっつうねん！
　かくして地獄の５分間が終わる。女優さんや男優さんたちのようにウケをとる芸もなく、人を心から唸らせるような歌唱力があるわけではなく……。

*　　　　*　　　　*

　そして今回、こんな因果で歌をレコーディングした。
歌入れは、だれしも立ち入り禁止である。
私とエンジニアだけで録音する。ディレクションもすべて自分でやる。普段は歌手に対してやるディレクションを自分の歌に対してやるのである。
　とくに「北国之春」が難しかった。こぶしの回し方が難しいのである。やっとのことで録音が終わって、五星旗のメンバーたちがスタジオにやってくる。
……う……聞かれてしまった……
……大爆笑……
　しかもWei Weiのちゃんとした歌の後に来るので面白さもひとしおである……。赤面しながら大爆笑を受けながら頭の中でこんなことを考えた。
「やった……コレでオレも芸ができた」

コラム　ファンキートーキング…

（2）BEYONDのメンバーも参加！

　ここだけの話、『対面的女孩看過来』には、香港のロックバンドBEYONDのドラマーであるWing(葉世榮)が参加しています。

　実は、五星旗のミニアルバム『1.5』に収録する五星旗バージョンでは、彼と二人で歌おうということで、わざわざ香港から来てもらったのです。

　一方この教材のこの曲のコンセプトは、「最後はみんなで騒ごう！」……初めは入れない予定だったのですが、やっぱもったいなくて内緒でちょっとだけ混ぜました。さあどれが彼の声か分かるかな。

　BEYONDとは、彼らが日本で活動し始めてからの飲み友達。とくによく飲んだのが、このWingと不慮の事故で日本で亡くなった黃家駒。わたしは実は彼が亡くなってからはじめてその偉大さを知ったフトドキモノです。まあそんなこんなで彼らとは今だに海を越えたいい友達。

　今回のレコーディングは、ウイングにとって6年ぶりの来日。いつも飲んでた武蔵小山のJazz屋（私のバーなのだ）で我が妻とともに杯を傾ける。うん、お互い大人になったよね。

　懐かしさと思い出は美味しい酒の一番のツマミだね、やっぱ。この仕事のおかげで久しぶりにいい酒が飲めた。もしこのシリーズの第2弾が出せるなら彼らの曲も収録したいな。

(3) 娘がいきなり中国語人に！

　うちの家庭内言語は中国語だが、何故かうちの嫁は子どもを日本語でしつける。日本にいて、日本の保育園に通うからそのようにしているのだろうが……。

　そんなこんなでうちの子どもたち(4歳と2歳)はまるで中国語が話せなかった。嫁が怒れば中国語になるので、子どもたちにとってはあまり歓迎しない言語なのかもしれない。

　ところが今年（2000年）の旧正月、上の娘が親戚に連れられて北京に里帰りした。3週間という短い間とはいえ、全然日本語が通じない環境に放り込まれてしまったのである。「言葉でパニックしてないかなあ」とは親の過ぎた心配事……。初日から早くもコミュニケーション開始、帰国したときには見事に中国語人になっていた（日本語などしばし忘れていた！）。

　いくら基礎があったにしてもこれは早い。確かに文法的には怪しい部分はあるが、これは日本語とて同じこと。私が9年勉強してこの程度なのに、子どもは3週間でこれか……。頭が柔らかいのもあるが、見てると素直というか、余計なことを考えずにただひたすら喋る。もちろん間違いも恐れない。

　こちとら「間違ってんじゃないかなあ」とびくびくもんで話しているもん。日本の採点教育の歪みじゃ！　まあ追い抜かれるのももう時間の問題であろう。

　そしたら夫婦喧嘩を通訳してもらおっと。

コラム　ファンキートーキング…

（4）北京カラオケ裏事情

　北京一番のバー・ストリート、三里屯。この辺は大使館街で、もともとはこんなにバーが建ち並ぶところではなかった。

　6年前、そんななかにポツンとできたJazz-yaというバー。Jazzもカクテルも浸透してなかった当時の北京で、まず大使館関係の西欧人の間で大人気になる。それが中国人にも飛び火し、タクシーが客の出待ちをするようになってから、周りの花屋も画材屋も我先にとバーに商売替え、今や中国を代表する一大バー・ストリートになってしまった。最近では北京も治安が悪くなって、バーの建ち並ぶ三里屯にも売春婦が出没するようになってきた。売春は重罪だと聞いてるのだが、それでも後を絶たないのはどうしてだろう……。

　中国はそりゃニューヨークに比べれば圧倒的に治安はいいといえるのだろうが、アブナイとこに行けばそれはそれはアブナイ。セクシーな服に身をやつしたやけに色っぽいお姉ちゃんに「カラオケに行こう」などと誘われてもゆめゆめついていかないように。

　日本円にして何十万円もボラれたり、場合によっては命の保証も……。いつの世も、鼻の下をのばしてるとロクなことはないのである。

　どのカラオケ店がどうなのかはなかなか区別しづらいが、まあ家族連れの客がいるところはまず問題ないし、女の子がつくところでも裏の「個室」を冒険しなければ大丈夫。

　要は鼻の下をのばさなければいいのである。健全に遊べば健全な料金で済むし、何よりも健全な人生が送れるよ。

（5）下品な中国語じゃ女の子は口説けない

　私が最初に中国語を教わったのは、北京のロックバンド「黒豹」の連中だった。当時は英語でコミュニケーションをとっていた私たちだが、酒など飲めば当然(?)下品な言葉を教えてくれる。

　またどこの国へ行っても、このテの言葉が一番早く覚えるもので、仲間うちからも「ファンキーはこのテの言葉だけは発音がいいんだよなあ」とほめられていた。

　ある日のこと、とあるバーでドラムを叩いて拍手喝采を浴びた。

「Funky！　牛◎！（すんません、あまりに下品なんで伏字にします）」

「は？　それ、どう言う意味なの？」

「わからねえか、ファンキー。牛はCow、つまり雌牛だ。◎は×○△（すみません、あまりに下品なんで伏字にします）のことさ」

「それってどういう意味？」

ニュアンスが皆目わからない。

「わかんねえか、ファンキー。お前のドラムは牛の×○△ぐらい凄いってことさ」

「どうして牛の×○△はそんなに凄いの？」

「わかんねえか、ファンキー。牛の×○△はこんなにでっかいだろ。お前のドラムはそれぐらい凄いってことだよ」

ほめられてるのかけなされてるのか……。思えばこれは当時北京で流行ってた不良言葉のようなものである。

　さてこのファンキー末吉、北京では男の友情ばかり育んでて、女性の知り合いは一人しかいなかった。ロックバンドの連中など、いい女は全部自分の女にしてるんだから、人に紹介するような女などいるわけはないのだ。

　私は偶然出会った女性（今の妻）に向って、習ったばかりの中国語で彼女の美しさをほめ称えた。

「Oh!　君はまるで牛の×○△のようだ！」

　思いっきり嫌われたことは言うまでもない。

| コラム　ファンキートーキング… |

（6）日本はアジアの中心ではない！

　私が五星旗（Five Star Flag）というバンドを結成したきっかけの一つに、台湾のケニー・ウェンという二胡奏者との出会いがあります。中国の民族楽器の代表である二胡を使ってポップスをやっている人です。地元台湾での人気は相当なもので、日本でいうとニュー・エイジ・ミュージック、まあ喜多郎さんみたいな受け入れられ方をしてるのではないでしょうか。

　彼と出会ってからこの五星旗（Five Star Flag）の構想が生まれ、やっと形になったころ、ラジオのインタビューで彼と再び会うチャンスがありました。

　「あなたと出会ってから、私は今度は中国の民族音楽とJazzとを融合しようと努力してきたんです」。そんな話をしました。

　インタビューのシメはお決まりの「今後の活動」。「この後すぐアメリカツアーなんだ」と言う彼に、何気なく投げ掛けた質問、「そうですか、で、何本ぐらい……」。そして彼の平然とした返答には度肝を抜かれた。「百数十本はあるかなあ……」

　日本ではまるで無名なこの二胡奏者が、日本人アーティストでは決して成し遂げることができない、この本数のアメリカツアーをこなす。彼の偉大さもさることながら、日本の芸能界のあまりの無知さに愕然としました。

　とかく日本の業界人は日本がアジアで一番だと思っている。テレサ・テンの大きな成功に驕り高ぶり「世界に出たかったらまず日本で成功することさ」などと吹聴する。しかし日本人ではだれもマジソン・スクエアガーデンでコンサートなど開けないけど、中国人アーティストは何人もがここを満杯にしているのです。日本など経由しなくても香港やシンガポール経由で直接世界に羽ばたいている人もいるのです。

　ぼちぼち日本の業界も欧米ばかりではなく、お隣の国々にももっと目を向けていいんじゃないですかねえ……。

（7）大陸のスターは自宅の電話番号を教える……？

　「ゼロゼロワンダフル」のコマーシャルをやっていた李玲玉という歌手と最初に出会ったときの話。ある音楽祭のパーティーの席で、覚えたての中国語で一生懸命コミュニケーションをとっていたらいきなり、「じゃあ今度北京に来たら電話ちょうだい」と手渡された電話番号はなんと自宅の電話番号だった。

　その後いろんな歌手に会ったが、何故かみんな会社ではなく自宅を教える。香港や台湾に比べてプロダクション・システムが整っていないのかもしれないが、日本の芸能人のような儀礼的な態度に比べるとなんとも気持ちがいい。

　そのかわり、ファンも自宅の電話番号を聞きたがるのか、北京の歌手・李慧珍のデビューライブの演奏が終わって、いかにも純朴そうな少年が私にサインをねだってきたと思ったら、「電話番号もここに書いてくれ」と言う。「電話番号ったって日本のだよ」と言うと「かまわない、書いてくれ……」。日本のドラム王と知り合いになったので、これで自分が日本に行っても大丈夫、ってな感じなのだろうか。

　李慧珍の家に遊びに行くと、何やら長電話をしている。終わって「何の電話だったの」と聞くと、「取材よ」と言う。「お前は自宅の電話で取材をしてんのか」と聞くと、「友達よ。中国では友達じゃないと取材なんかしてくれないわ」

　日本では仕事をやってから友達となってゆくが、中国では友達じゃないと仕事などしない。この辺の感覚の違いなのか……。

　また彼女のHPを作っているのはれっきとした熱烈な彼女のファンなのであるが、彼女は彼らのことも「友達」と言う。彼らの連絡も自宅に来る。ストーカーが怖くないのか？　いや、考えてみれば向こうも自分の素性をはっきりとさせているのでストーカーになりようがない。

　うーむ、習慣も何から何まで違っていればそれなりに秩序ができるのか……。

| コラム | ファンキートーキング… |

(8) 五星旗 (Five Star Flag) とは？

　今回この本のCDの演奏と模範演唱を担当したのが五星旗 (Five Star Flag) というバンド。メンバーは

Dr. ファンキー末吉
B. 仮谷克之
Gt. 岡崎猛
Kb. 進藤陽悟
二胡 .WeiWei Wuu
という5人組です。二胡（日本では胡弓と呼ばれたりもする）という中国の民族楽器をフィーチャリングしたインスト・バンド（歌がなく演奏だけのバンド）です。

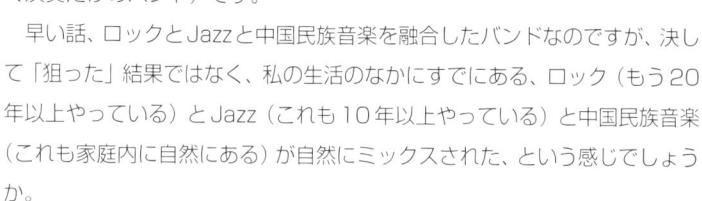

　早い話、ロックとJazzと中国民族音楽を融合したバンドなのですが、決して「狙った」結果ではなく、私の生活のなかにすでにある、ロック（もう20年以上やっている）とJazz（これも10年以上やっている）と中国民族音楽（これも家庭内に自然にある）が自然にミックスされた、という感じでしょうか。

　毎日中華料理を食べて中国語で生活してくると、音楽性自体も中国化してしまうのか、日本人が書いたメロディーなのか中国人が書いたメロディーか分からんとよく言われます。

　今回のアレンジはベースの仮谷克之がイニシアチブをとり、彼が日本人的な感覚を、そして私が中国人的な感覚を担当しました。日本人にも中国人にもウケるアレンジに仕上がったと思いますが、みなさんいかがでしょう……。

PART 2
中国語カラオケを楽しむ

(1) スキットで学ぶ「中国語カラオケ会話！」

さあて、中国語で歌を歌いたくなったあなた、いよいよカラオケBOXへ出陣のときがやって参りました。密室の中ではいったい何が起こっているのやら！？　心配な方はスキットで雰囲気を予習してから出かけてみてください。

* * * * *

―在卡拉ＯＫ厅

🆑 1

店员	欢迎光临！ 你们两位想喝点儿什么？
男客	嗯……来两杯可乐吧！
店员	选好曲子后，把号码输进去，再按这个键吧。 1
男客	好吧。
店员	等那个机器上有了反应就可以唱了。 2
男客	好。
店员	如果有什么问题，叫我一声吧。
男客	好的。
男客	好的，好的。那么，谁来开头呢？ 3
女客	你先来吧。
男客	那怎么行呢？还是你先来吧。
女客	嗯，那好吧，我先唱一首周华健的"花心"。
男客	好极了！来，来。

《花心》

🆑 3

男客	哎呀！唱得真好听！

―カラオケルームにて

店員	いらっしゃいませ。 ドリンクは何になさいますか？
男性客	そうだねぇ……コーラを二つ！
店員	選曲したら、番号を入力して、そのあとこのボタンを押して下さい。
男性客	分かりました。
店員	あっちの機械に(数字が)反応したら歌えます。
男性客	はいはい。
店員	もし何か分からないことがあったらお呼び下さい。
男性客	了解。
男性客	よっしゃ。どっちからいく？
女性客	あなた先に歌ってよ。
男性客	なんで？　やっぱり君から歌ってよ。
女性客	えーっ!?　ま　いいか。じゃ、私が先に周華健の『花心』を歌うわ。
男性客	グード！！　やって、やって。

《花心》

男性客	あっらぁ、ほんと素晴らしい！

―――― (1) スキットで学ぶ「中国語カラオケ会話！」

女客	哪里,哪里,你过奖了。本来这首歌是男孩儿唱的。	女性客	なんの、なんの。お世辞ばっかし。この曲は本当は男性が歌うのよ。
男客	可是你们女孩儿唱也别的味道。	男性客	でも、女性が歌ってもまた格別だよね。
女客	是吗？谢谢。	女性客	そう？ サンキュ。
男客	再来一首吧。	男性客	もう一曲いってよ。
女客	嗯……那么我就再来一首日本的歌曲吧。	女性客	それじゃ、次は日本の歌にしようかな。
男客	日本的歌曲？	男性客	日本の歌？
女客	嗯,我想唱《容易受伤的女人》。	女性客	うん。『傷つきやすい女』を歌おうと思うの。
男客	这也是日本的歌曲吗？	男性客	それって日本の曲？
女客	对啊。	女性客	そうよ。
男客	是香港的歌星王菲唱的吧？	男性客	香港の歌姫フェイ・ウォンが歌っているんじゃ……？
女客	哎呀,你不知道吗？这原曲是日本的呀。	女性客	あれ？ 知らなかったの？ 元歌は日本の曲なのよ。
男客	是吗？	男性客	ほんと？
女客	对啊。	女性客	そうよ。
男客	那我就洗耳恭听吧。 4	男性客	それじゃ、謹んで拝聴させていただきます。

《容易受伤的女人》　　　　　　　　　　《容易受伤的女人》

CD 5

男客	你唱得简直是扣人心弦。 5	男性客	うわぁ、心にじーんとくる歌い方だねぇ。
女客	你说到哪里去啦,可别拍马屁哟！ 6	女性客	なにヨイショしてんの？ お世辞言わないで。
男客	我说的是真的。 这样吧,来一首邓丽君的歌。	男性客	本心だってば。ね、ね、テレサ・テンの曲なんてどう？
女客	啊,那是我最拿手的。	女性客	あ、それそれ、私の十八番（おはこ）なの。

男客	是吗？		男性客	そうなんだ。
女客	那我就唱《我只在乎你》，怎么样？		女性客	じゃ、『時の流れに身をまかせ』を歌うわね、いい？
男客	然后呢？		男性客	そのあとは？
女客	哎呀，你真是。今天一直是我一个人在唱的。**下次该轮到你唱了。**7		女性客	なによ、まったく。きょうは私ばっかり歌っているじゃないの。次はあなたの番よ。
男客	我不行，不行。我的**五音不全**。8		男性客	ダメ、ダメ。僕は音痴だから。
女客	不会吧？你试试吧。		女性客	そんなはずないって。歌ってみてよ。
男客	那么，我就接着你来唱吧。		男性客	それじゃ、君の次に歌うようにするよ。
女客	那好。那我们唱什么呢？		女性客	オッケーッ。じゃ、何を歌う？
男客	嗯……我唱《北国之春》。		男性客	うーん、『北国の春』にしようかな。
女客	哦，那首歌还有邓丽君唱的《我和你》。那么先我唱，完了以后你唱，好不好？		女性客	あ、それってテレサ・テンの『私とあなた』って曲にもなっているのよ。じゃ、まず私が歌うから、それから次に歌ってね。
男客	好的。		男性客	いいよ。

《我只在乎你》
《我和你／北国之春》

《我只在乎你》
《我和你／北国之春》

男客	真不好意思。		男性客	お恥ずかしい……。
女客	挺有意思的。你唱得不是挺好的吗？		女性客	面白かったわ。歌うまいじゃないの。
男客	真的吗？		男性客	そうかい？
女客	对啊。那接下去**我们唱两重唱，好吗？** 9		女性客	そうよ。じゃ、次はデュエットしましょうよ、どう？
男客	那也行。		男性客	それもいいかも。
女客	诶，你知道成龙和陈淑桦的《明明白白我的心》吗？		女性客	ねえ、ジャッキー・チェンとサラ・チェンの『私の心を分かって』を知ってる？

(1) スキットで学ぶ「中国語カラオケ会話！」

男客	我知道，知道。	男性客	知ってる、知ってる。
女客	那我们一起唱好吗？	女性客	じゃ、一緒に歌いましょ。
男客	好的。	男性客	いいよ。

《明明白白我的心》　　　　　　　　《明明白白我的心》

CD10

男客	怎么样？唱得还可以吗？	男性客	どうだった？　まだマシなほうかなぁ？
女客	不是唱得挺好的吗？	女性客	うまいもんじゃん。
男客	真的吗？	男性客	ほんと？
女客	你是太谦虚了。	女性客	謙遜しすぎよ。
朋友们	对不起，我们来晚了。	友人達	ゴメン、遅くなって。
男客	怎么这么晚？我们唱得正带劲儿呢。⑩	男性客	おっそいじゃん。こっちはもう盛り上がっちゃってんだからね。
朋友们	你赶紧唱吧。给我们露一手⑪，好不好？	友人達	どんどん歌って。ね、ね、いいとこ見せてよ。
男客	好吧。你们也给我捧捧场。⑫	男性客	いいよぉ。じゃみんな応援してよね。
朋友们	好，好，好。	友人達	もちろん。
男客	那么下面我来唱《对面的女孩看过来》，你们都知道吧？	男性客	じゃ、『向かいのお嬢さんこっち向いて』を歌うよ。みんな知ってる？
朋友们	知道，知道。一起唱吧。⑬	友人達	知ってる、知ってる。一緒に歌おう。

《对面的女孩看过来》　　　　　　　《对面的女孩看过来》

CD12

朋友们	真不错！　好极了！　太棒了！	友人達	上手い！！　素晴らしい！！よかった！！
男客	真的吗？	男性客	そうかなぁ？

65

解 説

以前はカラオケといえば、紙にリクエスト曲を書いて渡し、先着順に店員さんが流してくれるのを受けて歌うものでした。もちろん、バーやサロンのカラオケはいまだにこの形式をとっているので、「リクエストする(＝点曲)」という言葉も死語とはいえません。

● **让我来点曲。** （私にリクエストさせて。）
　Ràng wǒ lái diǎn qǔ.

"点"は、たくさん並ぶ中から指定する意味合いなので、"点菜 diǎn cài＝料理を注文する"や"点名 diǎn míng＝指名する、出席をとる"というように使えます。

しかし、昨今のカラオケは通信時代です。スキットの場面は日本でもよく見かける、曲番号をインプットして転送し、本機に反応したら完了というものです。一緒に練習してみましょう。

1 把号码输进去，再按这个键吧。
　Bǎ hàomǎ shūjìnqu, zài àn zhège jiàn ba.

「番号を」は"把 bǎ"で処置文にし、「インプットする」"输进去 shūjìnqu"、「それから」"再 zài"「このボタンを押す」"按这个键吧 àn zhège jiàn ba"というわけです。

2 等那个机器上有了反应就可以唱了。
　Děng nàge jīqì shàng yǒu le fǎnyìng jiù kěyǐ chàng le.

「あの機械に」"那个机器上 nàge jīqì shàng"「反応があってから」"有了反应 yǒu le fǎnyìng"、「～してから」は"等 děng"を用い、"就 jiù"で受けるのがいいでしょう。「～してから～する」のように動作が連続していくような場合"等～(后)再～"というように"再 zài"で受けるといいですね。

　　　　等他回来后，再走吧。　　　彼が帰ってくるのを待ってから、
　　　　Děng tā huílái hòu　zài zǒu ba.　　出かけましょう。

もっとも皆さんの中でカラオケルームの店員になられる方は少ないでしょうから、むしろ以下のフレーズのほうが実用的かもしれません。

3 谁来开头呢？　　　　　　誰から先にいく？

Shéi lái kāitóu ne?

これは、歌の順番のみならず、発言やゲームの順番にも使える言葉です。新学期の自己紹介時などにも言ってみてください。

4 洗耳恭听

xǐ ěr gōng tīng

「謹んで拝聴いたします」。ま、ちょっとお下品に言えば、「耳の穴かっぽじってよく聞きまっせ」ってな感じ。スキットではおどけて皮肉っぽく使っていますが、本来は「謙虚に耳を傾ける」という良い意味の四字成句です。

5 你唱得简直是扣人心弦。

Nǐ chàng de jiǎnzhí shi kòu rén xīn xián.

"扣人心弦 kòu rén xīn xián"は「人を感動させる」という四字成句です。歌だけでなく絵でも試合状況にでも様々なほめるシュチエーションに応用可能です。

6 可别拍马屁哟！

Kě bié pāi mǎpì yo!

"拍马屁 pāi mǎpì"はモンゴル族の挨拶形式である馬のお尻叩きから転じた言い方で、お上手を言うとかお世辞を言うという意味。"可 kě"は強調なので、なくても可。

7 下次该轮到你唱了。

Xiàcì gāi lúndào nǐ chàng le.

"轮到你了 lúndào nǐ le"だけで、「あなたの番ですよ」という意味になります。"该 gāi"も「～の番」というニュアンスで使えます。

下次**该**你唱了。　　　　　　　　（お次はあなたが歌う番ですよ。）
Xiàcì gāi nǐ chàng le

8 五音不全
wǔ yīn bù quán

中国音楽の音階は、古来五つの音（現在のド・レ・ミ・ソ・ラに当たる）で構成されていました。これらの音程が揃わないというわけで、いわゆる音痴の意味を表します。

9 我们唱两重唱，好吗?
Wǒmen chàng liǎngchóngchàng, hǎo ma?

"两重唱 liǎngchóngchàng"とはデュエットのこと。また"对唱 duìchàng"という言い方もあります。台湾などではとくに男女のデュエットを"情侣对唱 qínglǚ duìchàng"と言ったりもします。"情侣 qínglǚ"は恋人の意味ですから、ちょっと意味深なデュエットになりますね。

10 我们唱得正带劲儿呢。
Wǒmen chàng de zhèng dài jìnr ne.

「今盛り上がっているところだよ」に相当する中国語は意外に難しいですね。"正（在）~呢"で現在進行中を表します。"带劲儿 dài jìnr"は張り切っている様子を表現する言葉です。

11 给我们露一手。
Gěi wǒmen lòu yìshǒu.

「お手並み拝見」の意味。"露 lòu"の発音に気をつけてください。

12 你们也给我捧捧场。
Nǐmen yě gěi wǒ pěngpeng chǎng.

"捧场 pěng chǎng"で声援を送ったり、拍手喝采する意味。歌舞伎で役者に「イヨッ、末吉！！」と声をかけるようなのがまさに"捧捧场 pěngpeng chǎng"です。

(1) スキットで学ぶ「中国語カラオケ会話！」

13 一起唱吧。

Yìqǐ chàng ba.

中国語はまだまだド素人で、とおっしゃる方も「一緒に歌いましょう」くらいは丸暗記してしまいましょう。"一起〜吧"で「〜」に動詞を入れれば「一緒に〜しましょう」の意味です。ここに"喝茶 hē chá（お茶する）""吃饭 chī fàn（ご飯を食べる）""洗澡 xǐ zǎo（お風呂に入る）"等々お好みの言葉を入れてみて下さい。

How to "捧捧场"

カラオケを盛り上げるには、やはり聴衆の声援が不可欠です。スキットでも「上手い！」に相当する中国語を何種類も使ってみました。ホメられて嫌な気がする人はいません。どうか皆さん、ホメ上手になって現場を盛りたてて下さい。

- 唱得真好听！ Chàng de zhēn hǎotīng.　ほんと素晴らしい

- 唱得简直是扣人心弦。 Chàng jiǎnzhí shì kòu rén xīn xián.
  　　　　　　　　　　心にジーンとくる歌だねえ。

- 不是唱得挺好的吗？ Búshì chàngde tǐng hǎode ma.
  　　　　　　　　　上手いもんじゃん

- 真不错！ Zhēn búcuò.　　　　　　上手い！
- 好极了！ Hǎo jíle.　　　　　　　素晴らしい！
- 太棒了！ Tài bàngle.　　　　　　よかった！

ただし、耳をふさぎたくなるほど聞くに耐えなかった場合は、やや婉曲に

- 唱得还可以。 Chàng de hái kěyi.　　まあまあでんな
- 还行。 Hái xíng.　　　　　　　　マシやなあ

といってみてはいかがでしょうか。もっともマイクを奪い取ったほうが話は早いかもしれませんが。

(2)「中国語カラオケ」事情

　発音もOK、歌の練習もやった、いざ中国語カラオケの楽園へ！

　まてよ……でも中国カラオケってどこにあるの？　システムは？　海外でチャレンジしたいんだけれど？

　お任せ下さい。ここでは、その道の達人が「カラオケ事情」について詳細、情報公開いたします。これであなたの基礎体力は、万全だっ！

1．日本編

中国歌迷会　　吉田良夫

　日本で中国語のカラオケを楽しもうとする場合、主に三つのタイプのメディアのうちのいずれかを用意している店を捜すことになります。すなわち、レーザーディスク、通信カラオケ、VCDです。

（1）レーザーディスク(LD)

　レーザーディスクは、1990年代前半にBMG日光堂が発売した北京語、広東語の曲を含む多国語版のセットを備えた店を捜して歌うのが、マニアックな中国語学習者の間で流行ってました。例えば、大阪ではホテル日航大阪地下の「APOLLON」(06-6243-0955)やロイヤルホテルのカラオケルームや茶屋町の「BMGカラオケルーム」(06-6377-0765)など。でも、新しい曲が全然追加されないので、何度か行くと飽きてしまいます。その点、東京・新大久保の「マイク103」(03-5389-0103)や同目黒店(03-3444-6103)、大阪・十三の「スポット」(06-6306-5500)のような専門性の強い店は、香港や台湾から歌手本人が出演している新しいソフトを購入しているので、新しい歌を歌いたいときには、こういう店に出かけるのがベストです。

（2）通信カラオケ

　通信カラオケは、日本全国の系列店で歌えるのが強みで、台湾のヒット曲を中心に北京語、台湾語の曲が少しずつ収録されつつあります。

第一興商のDAMが400曲以上と断然充実していますが、大阪有線放送社のU-karaは約160曲、日光堂のNEONは130曲、ビクターの孫悟空は大陸曲も含めた100曲弱、パイオニアのBeMAX'Sは60曲を歌えるようにしています。近所のお店がどこのシステムを使っているか確認してみてください。

(3) VCD

最後のVCDは、大陸、香港、台湾ともに普及しているメディアで、安価で豊富なソフトが揃えられるため、新宿や神戸などの、中国系の人が経営するスナックなどで、備えている例があります。新しい歌を歌いたい場合にはいいのですが、スナックでは割高になるし、VCDは個人でも揃えやすいので、むしろソフトをたくさん持っている人やサークルを見つけて、カラオケパーティを開くほうがよいでしょう。

2. 中国大陸編

最近の中国大陸のカラオケは、VCDを使ったお店が増えてきています。ソフトが安く揃えられるからでしょうね。デパートでも200元ぐらいで、かなりの数のヒット曲が入ったセットが売られています。とはいえ、もともとはレーザーディスクを使っていましたので、今でもそういう店は少なくありません。面白いのは、日本と違って、ディスクのセットをたいてい裏方さんが手で行っているということ。大きな店だと、何十台もプレーヤーを並べて、手袋をはめたお兄さんがディスクをもって右往左往しているのです。中にはその様子が外から見える店もあって、見物人がたくさんいるなんてこともあります。

それから余談ですが、大陸のカラオケで特徴的なことは、なんといってもホールで人前で歌う形式が多いということでしょう。200人ぐらいのお客さんがいるダンスホール「歌舞庁」のフロアの真ん中に立って歌えば、もう本当に歌手気分です。ホテルのダンスホールに行っても、ショーやディスコタイムが始まる前にカラオケタイムがあっ

て、あちこちのテーブルから「のど自慢」の人が出てきて歌います。本当に上手いかは疑問ですが……。

「知らない人の前で歌うなんて恥ずかしいことはとてもできない」という人には、もちろん台湾から導入されたボックス式のKTVもあります。KTVの外には、店とは関係ない(ことになっている)若い女性が待っていて「伴唱」してくれるというシステムもあります。日本人が行くような店なら、平均的なチップは200元というところでしょうか。歌うだけじゃなくて、中国語の会話の練習にもなるから、チップも高くない……?

3．香港編

香港ではカラオケの事を「卡拉ОК」と表記しています。香港のカラオケルームに行って楽しいのは、歌っている歌手本人が出演するソフトが充実していること。そして、日本のように歌本をめくって番号を入力するのではなく、画面から選択できるようになっていて、歌手別、言語別、ヒット曲順など選びやすいメニューになっていることです。今やカラオケを発明した日本のほうが遅れてますね。歌手別メニューだったら、曲目を選んでいる間中歌手の画像が画面に出ていたりして、ファンにはこれもたまりません。

しかもコントローラの「伴唱」ボタンを押すと、歌手本人の歌声も出すことができるので、中には自分で歌わず、聴いているだけのファンもいるとか。MTV状態ですね。店によっては、同じ曲が何パターンも入っていて、歌手本人が出るかどうか不明の場合もありますが、その辺はトライ&エラーで、どんどん選曲してみて楽しみましょう。

香港のカラオケルームを利用するとき、いちばん注意しないといけないのが、身分証明書かパスポートの提示を求められること。悪いことをする人が多いため? でも、香港ではもともとパスポート携帯を義務づけられてますので、念のため。

料金システムは、部屋代と時間によるものが多いのですが、店によっては、夜だけ部屋代が要り、最初の2時間は半額サービスになるなどのちょっと複雑な計算になっていたりもします。

チェーン店として数が多いのは「加州紅 California Red」や「新一代 Top One」

など。「加州紅」はよく街頭で「歌星」の写真入りのチラシを配布していて、新曲が歌えるなどと宣伝しています。ほかに、日系のビッグエコーやBMGもあって、日本の曲も歌いたい人には人気があります。

また、バーに行っても多くはカラオケがありますが、女性がつく分高くなりますし、ほかのグループといっしょになりますので、歌そのものを楽しむには不便です。

香港に行く機会があれば、VCDのカラオケソフトを買ってくることもお忘れなく。価格も安いし、専用プレーヤーがなくても、最近のパソコンは再生機能がついているので、自宅で楽しむことができますよ。ただし、広東語（粤語）の曲もあるのでご注意を！

4．台湾編

台湾でカラオケボックスは「KTV」といいます。繁華街を歩けば、この字がいたる所で目につくので、見つけるのは簡単です。ちなみに、カラオケ装置はなんていうでしょう。答えは「伴唱機」。

台湾のKTVが日本のカラオケボックスと違う点は、広くて豪華な部屋が多いということでしょうか。みんなで踊りながらの大パーティもできてしまいます。広い部屋をたくさん作るために、店自体がお城みたいに大きくなってる場合もあります。そして、豪華な部屋には豪華な食事ということで、バイキング料理が食べられる店もあります。

台湾では、演歌っぽい台湾語の歌を歌う人も少なくありません。これが歌えると台湾らしさは満点となります。日本の通信カラオケに入っている曲もあるので、出発前に練習して行くのも手です。

料金システムは、「包廂費」（部屋代）方式の店と一人いくら(最低二人分から)方式の店があります。このほかに、「清潔費」（清掃料）や基本「茶水費」（ドリンク料）を取る店もあります。日曜、祝日は割り増しがつき、平日の昼間と休日前を除く深夜はそれぞれ「5折」(半額)、「7折」(30％引き)などという店が多いようです。メンバーカード(貴賓卡)を出すと、割引きとなる場合があるのは、日本と同様です。なお。台湾でも深夜は要パスポートです。（よしだよしお）

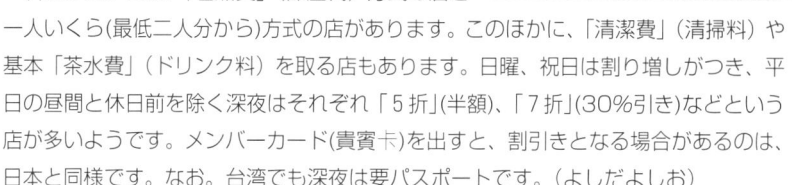

（3）カラオケの楽しみ方―実践編

1 東京カラオケガイド

中国歌迷会　　福永琉璃

　まず初めに、「中国語カラオケ」といっても、何も特別なことはなく、普通のカラオケボックスと大差はないことを断っておこう。料金システムはだいたい、1時間歌い放題で一部屋いくら、というものだし、機械の操作も一般のものと同じ。店員さんもほとんどが日本人、もしくは日本語ぺらぺらの中国人なので、言葉の心配もない。もちろん怪しい小姐などもはべってはいないし（男性にとっては残念なことか！？）。その上、ほとんどの店には日本語のカラオケ本もそろえてあるので、レパートリーが尽きたら、歌いなれた歌に（少々品ぞろえが古いが）切り替えることもできる。行ってみると案外簡単なもので拍子抜けするくらいである。

　さて、行くことを決心したら次なる問題はどこへ？　ということだが、東京の中国語カラオケといえば、いくつかの店が思い出される。大陸系の品ぞろえが豊富な池袋の「宝麗金」や、受付のお兄さんたちが朗らかでポイントの高い百人町の「シャングリラ」、帰りに本格中華が楽しめる横浜の「オルフェウス」などが有名どころだろうか。

　だが、曲数、品ぞろえ、その他のサービスという総合面で評価されるとなると、やはり、百人町の「マイク103」といわざるを得ないだろう。「中国語カラオケの世界にちょっとでもかかわっていて「マイク103」を知らないのはモグリだ！」といえるほど知られている店だ。

　「マイク103」には、新大久保店と目黒店と二つの支店があって、新大久保店の隣にはエスニック専門の「屋台村」というフードコートがあるので、カラオケ前の腹ごしらえにもピッタリだ。また、それぞれ30人ほど入れるパーティルームもあるので、大人数で「カラオケ大会」などにも使える。中国語カラオケ専門の分厚い歌本は、巻末に申し訳程度に載っているそこらのカラオケ本とは違って、「これ1本に勝負かけてます！」といった気合が感じられて、見ているだけでも楽しめる。まさに至れり尽くせりのお店なのである。

　さらにさらに、「だれにも邪魔されずに、とことん歌いたい」という人には、

――――――――――――――――――――（3）カラオケの楽しみ方 - 実践編

目黒店の「一晩歌い放題」というサービスが用意されている。平日深夜０時から翌朝５時まで歌い放題、一人１０００円というリーズナブルなお値段で、心ゆくまで中国語カラオケを満喫できる。一般的には、２、３人で来てラリーを戦わせるようだが、中には一人で現れて５時間ぶっつづけで練習に励むツワモノもいるという。恐るべし……東京の中華カラオケ・ファン……。

　数年前から春の恒例になっている、某新聞社主催の「中華カラオケコンクール」も、こうした熱心なファンが支えているのだろうか。

　　　　　　＊　　　　＊　　　　＊　　　　＊　　　　＊

②名古屋カラオケガイド

長屋泰子

　名古屋で中国語カラオケといえば、地下鉄池下近くの「カラオケ252」。店番のバイトも中国人留学生が多い。一つのボックスでレーザーの中国語カラオケと普通の通信カラオケが楽しめるのが特徴。曲目は決して最新とはいえないが、日本の通信カラオケではなかなかお目にかかれない曲が多数ある。難をいえば、レーザーが本人出演のMTVでないこと、カラオケ機材の質がいまひとつであること。台湾の張信哲の曲を歌おうとしたら、画面の歌詞が遅れたり、出てこなかったり。客の記憶力を試してどーする（これは店が悪いわけではないが）。また、マイクなどハウリングを起こして歌いづらいことも。それでも平日午後7時までは500円という料金のリーズナブルさは魅力的。この店ではメニューに"椰奶"や"杨桃汁""话梅"といった中国ならではの食品が名を連ねている。これらをつまみに一曲歌うのもおつなものである。場所は、地下鉄東山線池下駅から錦通り沿いに西へ100メートル。

　さらに場所を移して、今度は栄へ。東急ホテル裏の台湾料理「圓山」。普通のレストランでランチタイムには点心のバイキングも楽しめるが、カラオケの機材が店の奥に鎮座している。しかもカラオケ料金はタダ！　料理を食べながら、カラオケを楽しむこともできるのだ！　お店の人はなにか飲み物を頼んでくれるだけでもいいと言っていた。リストを見ると台湾の曲が多くそろっている模様。……と文が憶測調なのは、ほかのお客さんがいる前で実際に歌うほど勇敢でないからである。歌っている人も見たことがない。読者のみなさんには、ぜひともお客さんの少なそうな昼下がりにでも挑戦していただきたい（もちろんそれ以外の時間でもOK）。ちなみに料理はとても美味しい。

　名古屋市内は上述のような状況。良い設備で最新の曲を歌える環境にはほど遠い。しかし個人経営のカラオケボックスに常に新しいものを、と望むのは酷というもの。大手通信カラオケ配信業者に中国曲の一層の充実を求めたい。中国カラオケファンもリクエストをするなどして、歌いたい歌をどこのカラオケでも歌えるように協力していきましょう。

―――――――――――――――――――――――――（3）カラオケの楽しみ方-実践編

③ 台湾カラオケガイド

中国歌迷会　　堀 健一

　台湾も日本と同じく（いや日本以上かもしれませんが）カラオケは根強い人気を保っています。家庭にまでカラオケ用途でビデオデッキやVCD(Video Compact Disc)の機器が普及しており、家で皆が集まってカラオケという光景も珍しくありません。台湾人2200万人皆カラオケ大好きと言っても過言ではないでしょう。

　家を一歩外に出れば、カラオケ大好き台湾人にとってなくてはならないのがKTV(Karaoke TV = カラオケボックス)。大手チェーン店から中小規模のお店までいろいろあります。最近は若者向けのPubでもKTVを備えたお店が数多く見られます。

　台湾第一の都市・台北にある大手カラオケボックスを紹介しますと、
1. Cash Box KTV（銭櫃）：最大手チェーン。台北に13店舗、高雄、台中に各々1店舗。中国大陸にも支店あり。コンピューター選曲システムを全店に設置しており、サービスも良い。中国語（国語）の最新曲はもちろんのこと、日本の最新曲もそろっている。入り口でCDの試聴や販売もしており、食事の持込OKは嬉しい限り。
　『Cash Box』という名前の雑誌も発売している業界のリーダー。
2. Holiday KTV（好楽迪）：4～5店舗ある。日本の曲は古めだが、中国語は充実。
3. ATT KTV INN：1階が高級海鮮レストランで、2階がカラオケルーム。大部屋は広々としていてゴージャスな感じ。
4. D&D KTV：1階が50人まで入れるカラオケホール。2階～9階がボックスルーム。
　そのほかにもいろいろなお店が、品を変え形を変え存在しています。

　カラオケの費用ですが、ボックスだと大体1時間NT$300～NT$500（日本円1200円から）が相場で、1人ミニマムチャージがNT$100～NT$150

(日本円400円から)程度でしょうか。なかの雰囲気はどうかと言うと……、先日Cash Boxに行ったときの様子を紹介しましょう。

＊　　　＊　　　＊

＜2000年1月21日(台北曇り：ちょっと思ったより寒かった)＞
　旧正月前につき、台湾の取引先との忘年会あり。終了後、上司がその日まさに誕生日だったということもあり、取引先の人の提案でカラオケに行くことになりました。
　お店は、上海など大陸にも支店のある有名なCashBoxです。いつも仕事の接待ではスナックやクラブばかりで日本の飲み屋と変わらず、一度CashBoxとはどんなものぞと思っていたので、行くことができてよかったです。
　さすがに忘年会シーズンでお店は混み合っており、最初入ったところが1時間待ちでしたが、20分待ちの別の支店を紹介してもらい長く待たずに済みました。
　フロアにより禁煙、喫煙と分かれていました。部屋に入ると、まずビデオで火災が発生したときに備えての注意事項が流れていました。KTVは装飾に消防法に引っかかる化学物質を多く使っており、以前はよくKTVでの火災で死傷者のニュースがよくあったなあと思い出しました。それでもCashBoxはほかのチェーン店に比べ、安全だとのこと(ほんまかなあ)。
　その晩は、日本人4名、台湾人3名(内2名女性)で大いに盛り上がりました。日本でもカラオケボックスにはかなり遠ざかっていましたので、あの空間ではしゃぐのもいいもんですね。室内はソファーでゆったりとしており快適。早速コンピューター選曲で曲をINPUT。曲のリストはといえば、中国語曲は当然のことながら最新曲が入っており、最新の日本の曲や洋楽も充実していたようです。
　最初に上司が洋楽のレッドツェッペリン(!)でぶっ飛ばし、もう一人の上司がKinKi Kidsなど歌い受けました。台湾人女性Ms.Linは日本語を勉強しており、A-Mei(張恵妹)の「会いたい」や宇多田ヒカルの「First Love」をうま

――――――――――――――――――――（3）カラオケの楽しみ方 - 実践編

く歌い、ヤンヤヤンヤ。わたしもMs.Linに助けてもらいながらも、A-Meiの「Bad Boy」から始め「当我开始偸偸地想你」、「给我感觉」、「我可以抱你吗？，爱人」などに挑戦しました。TVの画面に歌手本人が出演しているものも少なくなく、非常に楽しいものです。中国語、英語、日本語の歌が飛び交うなか、場が一番盛り上がったのはみんなで歌った「モーニング娘。」の「Loveマシーン」。

　次の日朝一番からユーザー訪問の予定でしたが、盛り上がって3時ごろまでやってしまいました。今回はCashBoxに入れて台湾ポップスも歌えて、あースッキリした。また、何度となく通い詰めて中国語の勉強を兼ねて歌の練習をしようと心に誓ったのです。

　KTVは中国語上達の最短コースであることはいうまでもありません。台湾を訪れたら一度はKTVへ足を運んでみましょう。

　　　　　＊　　　　＊　　　　＊　　　　＊　　　　＊

またやろうね！

　さてみなさん、楽しんでいただけましたでしょうか。今回はたまたま日本の楽曲の中国語カバー曲が多かったのですが、『対面的女孩看過来』や『明明白白我的心』などのような、チャイニーズポップスの名曲もまだまだたくさんあります。

　願わくばこの企画がシリーズ化して、第2弾、第3弾とずーっと続いてゆければいいですね。そうすれば皆さんにももっともっと中国発の名曲をどんどん紹介できますし。そしたら私の歌ももうちょっと上達するかな。

　私のつたない歌をフォローするために集まっていただいた中国歌迷会の福永さん、内野さん、「cn-music ML」の西尾さん、「揺滾ML」の奥野さん、そして歌迷会主催者の马骅さん、スキットに店員役で協力してくれたうちの嫁の兄、関明さん、朗読を録音してくれた陳涛さん、時間的にご迷惑をかけたサウンド・アーツの方々、そしてエンジニアの堂園くん。

　買出し（主に酒）や差し入れ（主に晩飯）をしてくれた皆さん、本当にいろいろありがとうございました。古川先生やアルクの方々もご苦労様でした。

　最後に、このCD収録後に無事女の子を出産したWei Weiさん、ご苦労様でした。

　さあ、私もこれでカラオケレパートリーができた。さあ、歌いに行くか！

ファンキー末吉

鳴　謝
--- あとがきにかえて ---

　うひゃあ、楽しい企みに巻き込まれてしまいました。コトの始まりはと言えば「中国歌迷会（C-popファンクラブ）」なるものに足を踏み入れたことからでした。メーリングリストで「宴会芸に中国語で一曲！」とメッセージを送ったことが波紋を呼び（ごく限られた一部で）、歌をとっかかりにして中国語を勉強するのもいいよねってことになり、実はそんな企画もあることはあるというアルクの古市氏の甘い罠にかかり、今をときめくファンキー末吉氏を擁立して、数々の難問と戦いながら、やっと産声をあげることができました。

　ファンキー末吉さんといえば、今や中国語および中国歌謡界でも重鎮であられますが、世事に疎い私は、彼を「すえきち」さんだと思っておりました。きっと子沢山のご家庭にお生まれになって、両親がこれで打ち止めという思いをこめておつけになった名前であろうと思っていたら、ナント、ご苗字なんですよねぇ、失礼しました。その彼と光栄にも一緒にお仕事をさせていただけることになって、一見ファンキーなその風貌とは似ても似つかない繊細さ、緻密さ、周囲への行き届いた配慮、おまけに料理も上手い！　などなど、音楽や語学の才能以外の魅力もたっぷり見せつけて下さいました。おまけに私と同じモバイルPCなのに、私の100倍もスマートにご活用なさっていて、無駄に時間を過ごすことなく仕事をこなされている上、さらに時を惜しんでジョッキングにも出るなど、その生活スタイルには驚かされてばかりでした。当初、自分が歌うのはどうも　とおっしゃっていたにもかかわらず、秘かに練習を重ねて頑張って下さったことや、このCDならではの素敵なアレンジにも、心から感謝申しあげたいと思います。

　また、歌やスキットでも大活躍のウェイウェイさんはご出産を控えた身重の体で収録に臨んでくださり、演奏も含めて大変な作業だったことと思います。さらには五星旗のメンバーの皆さんの素晴らしい演奏、それから合唱に駆けつけて下さったみなさま、カラオケ事情を寄稿してくださった福永琉璃さん、吉田良夫さん、堀健一さん、長屋泰

子さん、著作権チェック等で縁の下の力持ちをしてくださった吉田もゆ子さん、皆様に心から感謝申しあげたいと思います。

2000年 初夏 **古川 典代**

◀ 著者紹介 ▶

●ファンキー末吉（ふぁんきー・すえよし）：

「爆風スランプ」リーダー。1990年に中国ロックと出会い、交流を開始。「俺も中国人になる！」と中国のロックバンドの追っかけを嫁にし、家庭内言語を中国語で暮らす。また、現地の新人をプロデュースし、中国のグラミー賞作曲賞を受賞。アジアでその幅を広げ亜州鼓王と呼ばれ、伝説化している。また、日本国内でも99年に日本レコード大賞アジア音楽賞を受賞。「爆風スランプ」のほかにポップインストゥルメンタルバンド「五星旗」、ハードロックバンド「X.Y.Z.」など、その活動は幅広い。

●古川典代（ふるかわ・みちよ）：

静岡県生まれ。大阪外国語大学中国語学科卒業。中国上海復旦大学留学。サイマルアカデミー中国語同時通訳者養成コース、インタースクール中国語通訳コース・プロ科修了。農水省外郭団体専任通訳、日本航空北京支店勤務の後、現在インターグループ中国語通訳、インタースクール講師。

中国語で歌おう！ーカラオケで学ぶ中国語ー

●

2000年6月1日発行 / 2001年2月5日第3刷発行

著　者——ファンキー末吉・古川典代

発行者——平本照麿

発行所——株式会社アルク

〒168-8611　東京都杉並区永福2-54-12

電話 （03）3323-4440（マルチリンガル編集部）

●

印刷所　朝日メディアインターナショナル株式会社

DTP　（有）サムリット

表紙デザイン—篠田直樹

本文イラスト—岡崎　猛

●

© 2000　株式会社アルク

Printed in Japan ISBN4-7574-0240-6

JASRAC　R-0040307 JASRAC 出 0004944-003

乱丁・落丁本はお取り換えいたします。

定価はカバーに表示してあります。

入門から試験対策、ビジネスまで　　　　　　発行：アルク

マルチリンガル 中国語をキャリアにする
～アルクの中国語書籍～

★ 中国語イキイキ表現 初級
マルチリンガル編集部 編
本+CD1,800円

あいさつや食事、ショッピングなど、実用的な表現をマスターする入門書。CD付きなので発音の基本も押さえられます。初めて中国語を学ぶ方におすすめの一冊。

★ 30のケーススタディーで学ぶ 最新中国ビジネス成功術
ビジネスは宴会だ!
馬 驍 著　本のみ1,500円

「中国と中国人を知る」ための一冊。日中間で実際に起こった仕事上の行き違い・摩擦など30ケースを取り上げて、その予防策を提案します。ほかにもビジネス中国語や、インターネットでの中国情報収集法など、役立つ情報が満載です。

★ 語順で学ぶ中国語入門 文法編
紹 文周 著
本のみ1,748円
カセットテープ(2本)のみ3,883円
本+テープセット5,631円

著者が考案した、「語順による学習法」を採用した中国語入門書。単語の語順・用法を押さえることで、基礎知識から難解な文法事項までが確実に身につきます。

★ 2001年度版 中国・韓国留学事典
マルチリンガル編集部 編
本のみ1,800円

Now Printing

最近ますます注目されている、中国・韓国をメインに取り上げた留学ガイドの最新版。留学手続きの詳しい解説から奨学金案内、現地の生活情報など、留学実現に役立つ1冊です。

★ 中国語 手紙の文例集
邱 奎福 著
本のみ1,400円

ある程度中国語を習得した方を対象に、中国語で手紙を書く際の書式や決まり文句などを解説した文例集です。お礼やおわびの手紙からビジネスレターの書き方、尊敬や謙遜の表現も学べます。

★ 中国語の試験全ガイド
マルチリンガル編集部 編
本+CD1,980円

中国語の代表的な3つの試験—中国語検定試験、漢語水平考試(HSK)、中国語コミュニケーション能力検定(TECC)—を取り上げ、各試験の内容・構成、試験対策、模擬問題を掲載。受験者の体験談やアドバイスも収録された、頼りになる一冊です。

※表示価格は税別価格です。

お近くの書店でお求めください。書店にない場合は、小社に直接お申し込みください。

(株)アルク販売部
0120-120-800
[受付時間／(月～金)9:00～21:00 (土日祝)9:00～19:00]

FAX、E-mailでのご注文も承っております。
FAX: 03-3327-1300
E-mail: shop@alc.co.jp
(24時間)受付

●インターネット「スペースアルク」 http://www.alc.co.jp/にて小社発行の書籍・ムックの最新情報がご覧になれます。あわせてご利用ください。

主催: 株式会社アルク
地球人ネットワークを創る

CD化! 中国語入門講座の決定版!
中国語マラソン

監修：山下輝彦　慶應義塾大学教授(元NHK教育テレビ「中国語会話」講師)

ビジネスに役立てたい
就職・転職の決め手にしたい
中国の文化に触れてみたい
中国大陸を旅してみたい

6カ月で 中国語がわかる！話せる！

■ 「中国語マラソン」は、中国語を実際に「使う」ことを目的として編集された教材です。読む・聞く・話す・書くの4要素を網羅した実用的なカリキュラムで、6カ月で中国語の基礎をマスターします。

> なにごとも まずは基本から！

1日90分の中国語レッスン

当講座は、月曜から金曜まで学習を進め、週末に復習や読み物などで一息いれるカリキュラムです。1日あたりの学習時間は約90分。自分のペースで学習を続けられます。

音声教材で発音をマスター

中国語マスターのカギは発音。当講座では、ビデオで目から、CDで耳から、中国語の発音をしっかり習得します。

①まずはビデオで正しい顔、口、舌の動きをチェック。これをそっくりまねることで、中国語を話す顔の筋肉を作ります。

Nǐ hǎo 你好「こんにちは」

②さらにCDで耳から学習。テキストの解説にそって、CDで聞いた音を繰り返し発音する練習をします。ここで正しい発音をマスターできれば、その後の上達がスムーズに。単語や文法の学習が生かされる「通じる中国語」になるのです。

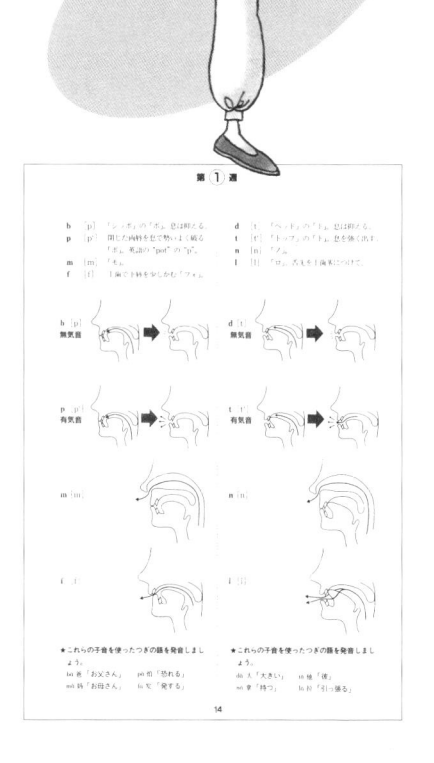

監修のことば 山下輝彦先生
慶應義塾大学教授 元NHK教育テレビ『中国語会話』講師

近年の中国の発展には目を見張るものがあります。そのため必然的に中国語の需要も高まることになります。本教材は生きた中国語を素材に、現代中国人の生活観を紹介しながら、すぐに役立つ表現をマスターできるように編集されています。最後までやり通せば、中国語の基礎力が確実に身につきます。

きめ細やかな個人指導

各月末には実力診断テストにチャレンジ。1カ月の学習の成果を確認しましょう。さらに希望者は、オプション(有料)として音声添削も受けられます。※ カセットテープに吹き込んだあなたの中国語を担当講師が診断。ひとりひとりの問題点に合わせた発音指導を吹き込み、返送します。こうして、独学では難しい正確な発音が身につくのです。

※1回2,000円 お一人様2回まで

「中国のことならまかせて」の自信

中国料理や、中国の広告、新聞マンガも教材として登場します。言語として中国語を学ぶだけでなく、中国の社会習慣・文化にも詳しくなる。それが当講座の特長です。

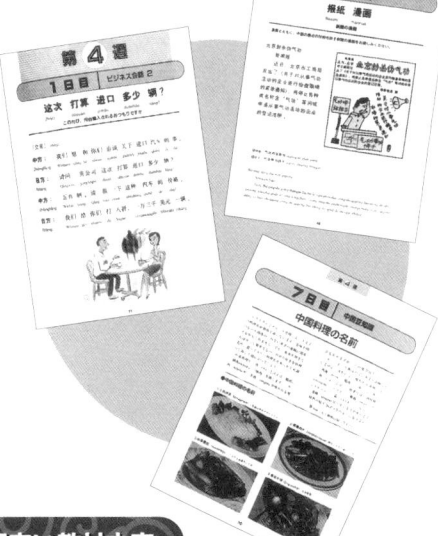

旅行、ビジネス、資格試験対応の幅広い教材内容

発音、あいさつ、簡単な会話に始まり、さまざまなシチュエーションを想定して学習をすすめます。友達同士の会話から、手紙の書き方やスピーチの仕方、さらには新聞やビジネスシーンでの専門的な会話まで。修了時には、「中国語検定試験」の4級合格の実力が身につきます。

受講中にはオプションとして、発音の練習を主体としたスクーリングに参加することもできます。また、受講生・講座修了生は、中国本土での短期研修に優待価格で参加できます。中国の大学の語学コースへの推薦留学制度も用意された充実の総合プログラムです。

〈写真提供：中国国家観光局〉

中国語で広がる私の世界
始めるなら今、「中国語マラソン」で!

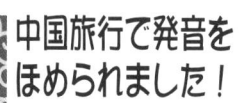

中国語マラソン受講生の声

中国旅行で発音をほめられました!

河崎 洋子さん (徳島県)

日本で中国語を耳にすることも多くなるにつれ、実用性のある、使える中国語を身につけたいと思うようになり、「中国語マラソン」を始めました。実際に受講してみると、この講座は私の要望に十分応えてくれる内容でした。大連に旅行した時には、現地の人に「発音が良い」と驚かれました。また中国語を話したことで、より親切に接してくれたように思います。これからも楽しく長く中国語とつきあっていきたいと思います。

ワクワクしながら完走できました!

小原 範子さん (青森県)

会話や手紙のやり取り、故事成語など、一冊ごとにバラエティーに富んだ内容のテキストで、毎回「次は何だろう」とワクワクしながら学習を進めました。特に故事成語は興味があったので楽しめました。私は通信講座は続かないほうですが、がんばって最後までできたのは、無理せずしっかり学べる本講座のおかげだと思います。講座は修了しましたが、またテキストを最初から読み直したいと思います。

※河崎さん、小原さんはCD化以前の受講者です。

お申し込みは本書さし込みハガキで今すぐ!(切手不要)

中国語マラソン受講のご案内

◆教材:コースガイド1冊/テキスト6冊/CD7枚/ビデオテープ(VHS/60分)1巻/診断テスト6回/修了証(修了時)
◆受講期間:6カ月
◆受講料:38,000円(税別/全教材費・送料込み)
◆お支払い回数:一括払い/6回ローン(手数料7%)

電話でのお申し込みは、通話料無料のフリーダイヤルが便利です。

0120-120-800
受付期間(月〜金)9:00〜21:00(土日祝)9:00〜19:00

FAX.03-3327-1300
E-MAIL.alcpr@alc.co.jp
(24時間受付中/2-00-559係宛)

毎月20日申込締切→翌月11日講座スタート

お申込特典! 月刊「CAT」を6カ月分プレゼント

海外著名人インタビュー、世界のおもしろ情報など毎月届くのが待ち遠しくなる月刊誌「CAT」を6カ月間プレゼントします。またアルクCATクラブに無料で登録され、下記のようなさまざまなサービスを受けることができます。

CATクラブのおもなサービス

● イベント、セミナーへ優待価格で参加。
● 小社発行の出版物の特別価格での購入。
● 海外旅行に関するさまざまなサービス。